中国古代
日常生活
生动百科

阿瞳木　赵长青　编著　　　张佳茹　野作插画工作室　绘

北京理工大学出版社
BEIJING INSTITUTE OF TECHNOLOGY PRESS

目录

古人原来这样穿衣　02

古人的衣物面料一览　04
五花八门的衣裳　08
古人戴什么帽子　12
古人穿什么样的鞋　14

古人原来这样吃饭　16

餐桌上的"五光十色"　18
五花八门的烹饪方式　22
古人的"酸甜苦辣"　26
古人去哪里吃饭　30
古人饮酒趣事多　32
古人喝茶三五事　36

古人原来这样洗漱　40

"洗"出来的历史　42
古人在哪儿洗澡　46
古人什么时候洗澡　50
古人用什么洗澡　52
刷牙，古人是认真的　54
与洗漱有关的趣事　56

古人原来这样睡觉　60

古人睡觉讲究多　62
古人熏香有情调　66
古代枕头　70
古代被子　74
古人睡觉防蚊虫大法　78

古人原来这样化妆　82

各式各样的铜镜　84
古人用什么描眉　86
古人的口红和腮红　88
精致的面饰　90
古人发型知多少　92
令人大开眼界的古代首饰　94

古人原来这样居住　98

原始人住在哪儿　100
我国的特色民居　102
古代住房怎么排水　106
古人是如何采光的　108
大开眼界的坐具　110
古代家具之几、案、桌　112

古人原来这样出门　114

古人出行准备多　　　　116
古人坐什么车　　　　　118
古代的轿子长什么样　　120
从独木舟到轮船　　　　122
路，通向何方　　　　　124
古人出远门时住在哪里　128
古人出门如何不迷路　　130
古代"护照"演化史　　132

古人原来这样娱乐　134

古代的"四艺"　　　　136
游山玩水赏花　　　　　138
古人也开"派对"　　　140
古人的夜生活　　　　　142

古人原来这样养宠物　144

古代猫咪"铲屎官"　　146
古人如何养狗狗　　　　150
古人爱养鸟　　　　　　154
古人和龟、鱼、虫　　　158
不一样的爱宠　　　　　162

古人原来这样购物　166

古代商业发展简史　　　168
孔方兄和他的小伙伴们
——古代货币　　　　172

古代也有银行吗　　　　176
古代的"收银员"怎么这么难　180
古代商家让人"剁手"的套路　182

古人原来这样运动　186

古人的球类运动　　　　188
古代的摔跤场面真壮观　190
古代也有冰雪运动　　　192

古人原来这样看时间　194

古人如何看一天的时间　196
古人的计时工具　　　　198
古代的报时制度　　　　200
古代报时使者：更夫　　202

古人原来这样应对天气变化　204

古代也有"天气预报"　206
古人如何取暖　　　　　210
古人这样应对酷暑天　　212
古人如何应对下雨天　　214
古代如何应对极端天气　216

古人原来这样读书   218
    有趣的"入学礼"   220
    古代的图书长什么样   224
    古代的学校是谁建的   228
    古代学生也有假期   232
    层层选拔的科举考试   234

古人原来这样工作   238
    古代皇帝的职场生涯   240
    当个史官不容易   242
    古代商人的烦恼   244
    妙手回春的古代医生   246
    跟着镖师勇闯天涯   248

古人原来这样社交   250
    古人的姓氏和名字   252
    古人各式各样的"号"   256
    古代交往中的谦称和敬称   260
    古人如何打招呼   262

古人原来这样看病   264
    古人如何应对疫情   266
    古代也有惠民医院吗   270
    稀奇古怪的中药   274

古人原来这样打官司   278
    古代也有律师吗   280
    古人如何打官司   282
    古代的上访和举报   284

古人原来这样传信息   286
    古代战争中如何传信息   288
    古人如何传递秘密情报   292
    古代的"邮政"什么样   296
    古人送信有妙招   300
    古代也有"报纸"吗   304

古人原来这样穿衣

从兽皮到织锦，从草鞋到丝履，中国人的服装越来越精致。而服装，也从最初的御寒之物，变成了身份的象征、个性的展示。通过了解中国古人的服饰，我们能了解古人对美的看法，了解中国文化发展的脉络。

古人的衣物面料一览

在原始社会，人们用树叶做成衣物遮蔽身体，但无法抵御寒冷。人们就用锋利的石块切割兽皮，将骨头打磨成针，再把兽皮缝成衣服，穿上后暖和多了。后来，人们发明了织布机，衣物的面料越来越丰富。

麻与葛

早在新石器时代，人们就会用苎麻、葛等植物做布：剥掉苎麻或葛的外皮，将麻丝或葛丝放在水里面煮，然后捞出来晒干，接着用纺坠将其捻成细线，最后用织布机将细线织成麻布或葛布。

纺坠
古老的纺纱工具，被拨动后，可利用自重做惯性旋转，将纤维捻成纱线。

腰机
原始的织布机，因需要腰部用力而得名。

苎麻有很好的吸湿性，用它织出来的布轻薄透气，被称为"夏布"。夏布一直是中国的大众面料，欧阳修在《寄题沙溪宝锡院》中写到"鸣机织苎遍山家"，描绘的就是家家户户忙着织夏布的场景。

葛布也常被用来制作夏衣，据《史记》记载，尧在冬天穿用幼鹿皮制作的衣服（麑裘），在夏天穿葛布制作的衣服（葛衣）。唐朝时，"细滑而坚，颜色若象血牙"的雷州葛布远销海外，名扬天下。

用蚕丝织布

传说，黄帝的妻子嫘祖在野外发现桑树上的蚕会吐丝，又联想到蜘蛛结网的场景，突然灵光一闪：用蚕丝纺织！没想到织出来的东西光滑、柔软。于是，她教人们种桑树，以桑叶养蚕。等蚕吐丝结茧后，再从蚕茧中抽丝，织成丝绸。

在古代，昂贵的丝绸是国家财政收入的重要来源。春秋时期，在吴国和楚国接壤处，百姓们以养蚕为生。有一天，两国的采桑女为了争夺桑树发生争执，后来两个家族打了起来，矛盾愈演愈烈，最后竟变成了两个国家之间的战争！

在对外贸易中，丝绸的地位也无可替代。张骞出使西域后，中原与西域交流越来越频繁，还做起了生意，丝绸是最受西域商人欢迎的商品。

在古罗马贵族之间，穿丝绸成为一种时尚。古罗马执政官恺撒曾穿着丝绸袍子去看戏，引得旁人羡慕不已。丝绸声名远扬，所以人们称这条连接中国和欧洲的贸易道路为"丝绸之路"，称中国为"丝国"。

裘衣与裼衣

战国时期，魏文侯出宫巡视，遇到一个将裘衣翻过来穿的樵夫。魏文侯好奇地询问他这么做的原因。樵夫说，若将毛露在外面，它们很快就会被磨掉。魏文侯笑着告诉他："如果你将皮磨坏，里面的毛也会掉光的！"

所谓裘衣，就是用动物皮毛制成的衣服。樵夫穿裘衣是为了保暖，而魏文侯这种王公贵族穿裘衣则是为了彰显身份。魏文侯也不用像樵夫一样，将裘衣翻过来穿，只需套上一件称为"裼衣"的外衣，就能保护皮裘的颜色。皮裘的颜色和质地不同，裼衣也随之不同。《礼记》上说："君子狐青裘豹褎，玄绡衣以裼之；麛裘青豻褎，绞衣以裼之；羔裘豹饰，缁衣以裼之；狐裘，黄衣以裼之。"

远道而来的棉

棉花的原产地是印度和阿拉伯。虽然早在汉朝时，新疆地区就开始种棉花，可直到唐宋时期，棉花才传入中原。

起初，人们看到洁白的棉花十分漂亮，只把它当成一种观赏植物。直到南宋末年，棉花的妙用才被发现。人们将棉花中的籽去掉，用手摇纺车或脚踏纺车将棉花制成棉纱，再用织布机将棉纱织成棉布。

棉花的花朵会变色。

棉花的蒴果成熟后会自然开裂。

棉絮其实是果实里的纤维，可以用来纺织。

到了元朝，人们纺织的速度变快，纺出来的棉布既细腻又结实，还可以织出各种美丽的花纹。这离不开一个人的贡献，她就是黄道婆。

黄道婆年轻时流落到海南岛，跟着黎族人学习了先进的纺织技术。三十多年后，她回到家乡，发现中原纺织棉花的工具和方法十分落后，便改良了纺织工具，教乡亲们如何更有效率地织布。

棉纺车

黄道婆改良了织机

五花八门的衣裳

"衣裳"一词最早指上衣和下裳。上衣一般长至膝盖,特征是交领右衽,即左衣领叠在右衣领上;下裳多为裙装,起源于原始人围住下半身的兽皮。

蔽膝:类似围裙,下垂至膝盖,主要用来装饰,身份尊贵的人才能用。

宽大的深衣

春秋战国时,一种叫"深衣"的服装流行起来。深衣的上衣和下裳是被缝在一起的,长至脚踝,男女都可以穿。深衣袖子非常大,可以在里面屈肘,下摆很宽,穿起来很舒服。古代王侯、士大夫将深衣当作常服,普通百姓将深衣当作吉服。

裤子的演化史

早期的裤子只有两条裤管,中间并不相连,类似现在的长筒袜。因为需要套在胫——小腿上,所以被称为"胫衣"。后来,人们将两条裤管连在一起,制成一种叫"绔"的开裆裤。富贵人家的绔由白色的细绢(纨)制成,所以不务正业的世家子弟又被称为"纨绔子弟"。不过,无论是胫衣,还是绔,都只是一种内衣。

战国时期,赵国的步兵屡次败给匈奴骑兵,赵武灵王为了强兵,就让士兵学习骑马。骑马的时候,宽大的深衣总是碍手碍脚,赵武灵王就让人将衣袖改窄,把下身的裙子换成合裆的长裤——裈,这样就方便多了!

多种多样的袍服

和深衣不一样,袍服不是将上衣和下裳连缀起来的,而是通体直裁,上下没有接缝。袍服早在汉朝就已出现,到了唐朝已经普及。唐代男子大多在春夏穿单层的衫,在秋冬穿有夹层的袍服。

襕袍　　　翻领袍　　　缺胯袍

唐朝袍服的样式多种多样,如在膝盖下面加了一圈下摆(横襕)的襕袍、领子外翻的翻领袍、两侧开衩的缺胯袍,等等。唐朝风气开放,女子也可以穿男装。在《虢国夫人游春图》中,虢国夫人一行人盛装出游。其中,有一女子身穿圆领袍衫,头戴幞头,脚蹬靴子,英气十足。

衫襦和长裙的搭配

唐代女子还流行穿短上衣——轻薄的叫衫,有夹层的叫襦,然后搭配一条漂亮的长裙。女孩子们将长裙束在胸以上的位置,系带系在胸前。有时在外面套一件半臂(类似现代的短袖),再把帔帛挽在手臂上或者披在肩上,显得十分灵动。

宋代女子也爱穿长裙，用来搭配襦、半臂、褙子等上衣。褙子是宋朝最常见的服装，男女都能穿，形式多种多样。而明代女子在长裙之外，一般会套一件比甲。比甲是没有领子和袖子的对襟上衣，有点像加长版坎肩。

特别的清代服饰

清代男子一般先穿长袍，外面再套一件马褂或坎肩。马褂是一种对襟短上衣，原本是满族人骑马时穿的服装，清初时只有贵族子弟穿，雍正时期流行开来。

汉族女子保留了明代的穿衣风格，满族姑娘则大多穿旗袍。旗袍既有单层的，也有棉质的和皮质的，一年四季都可以穿。旗袍长度大概到脚面，衣袖短窄，袖口和领口绣有花边。满族姑娘一般会在旗袍外面套一件马甲或坎肩，显得娇俏可人。

古人戴什么帽子

古代男子年满二十岁要加冠,表示已经成年。冠,泛指帽子。那么,古人都戴什么样式的帽子呢?

冕冠　　爵弁　　皮弁

贵重的礼帽

周朝的统治者制定了严格的礼仪制度,要求每个人根据自己的身份,选择相应的衣服和帽子。周天子和贵族在祭祀等重大活动时,会佩戴一种叫"冕冠"的礼帽。冕冠顶部有一块长长的板子,板子前后悬挂一串串圆形的玉珠——旒。旒的串数越多,代表佩戴者的地位越高。据《周礼》记载,周天子的冕冠有十二串旒,诸侯的有九串旒,上大夫的有七串旒,下大夫的有五串旒。

周天子有时会在典礼中戴一种叫"爵弁"的礼帽,爵弁由赤黑色布制成,和冕有点像,只是没有旒;爵弁有一个"亲戚",叫"皮弁",它有点像瓜皮帽,上窄下宽,一般是平日所戴的。

自唐朝起,凤就是皇室女子的象征。宋朝时,凤冠被定为后妃的礼帽。在重要庆典活动中,皇后、嫔妃会戴上凤冠,来彰显自己的地位。到了明朝,凤冠成为皇后和皇太子妃的专属,嫔妃只能戴翟冠。翟是一种长尾野鸡。官员的妻子也可以戴翟冠,但和嫔妃的略有不同。

古代的头巾

汉代时，身份低的人不能戴冠，只能用巾帻。巾帻，就是古人用于裹头发的织品。巾帻在汉代很流行，集市里还有专门的店铺，称"帻肆"。汉代后，巾帻慢慢为贵族所接受，并发展出很多样式，如缁撮、结巾、雷巾、儒巾等。女性用来裹头的巾称为"帼"，后来"巾帼"就成为女性的代称。

从乌纱帽到顶戴花翎

唐代时，幞头十分流行，连李世民都常戴幞头。幞头由巾帻演化而来，是一种方巾，有四根长长的带子，唐人称之为"四脚"，两条带子垂于脑后，两条反系于头上。到了宋代，幞头已经演化成了帽子。

宋代的幞头形式多样，有软角幞头、交脚幞头、曲脚幞头、展脚幞头等。但最为人熟知的，大概是直角幞头，因为皇帝和官员经常戴它。直角幞头的两侧有长长的"翅膀"，这样可以让官员们在朝堂上保持一定的距离，以免交头接耳。幞头是由黑色的纱（乌纱）制成的，所以被称为"乌纱帽"。明代时，乌纱帽被定为官帽，而那一对"翅膀"也变短了。

清代的官帽不是乌纱帽，而是顶戴花翎。所谓顶戴，就是清代官帽顶端的装饰品，其材质和颜色和官员的官阶有关。比如，一品官员的顶戴为红宝石，七品官员的顶戴为没有镶嵌宝石的金饰。花翎指官帽上的孔雀翎，孔雀翎上有眼睛形状的花纹，称为"眼"。身份越尊贵，官帽上"眼"的数量就越多。

古人穿什么样的鞋

在原始社会，人们光着脚追逐猎物，脚上总是伤痕累累。有人把兽皮绑在脚上，用细皮条捆起来固定，制成"皮鞋"；还有人用草或麻来做鞋子，简单又方便。随着时代发展，鞋子的样式越来越多。

各式各样的鞋子

商周时期，鞋子的材质多种多样，如布鞋、草鞋、木屐。贵族有时还穿用皮、麻做鞋底，丝帛做鞋面的丝履。在当时，鞋子的样式大致可分为两种：薄底鞋（履）和厚底鞋（舄）。普通百姓只能穿履，而君王和贵族在参加重大活动时会穿舄。比如，周天子在参加祭祀时，会穿冕服、戴冕冠，脚踏赤舄。

布鞋　　草鞋　　木屐　　丝履

越来越流行的靴子

靴子起源于北方游牧民族，骑马时，靴子可以保护腿部。战国时期，赵武灵王让士兵们学习骑射，穿胡服，靴子随之传入中原。唐代时，短靴极为流行，男女都会穿。在众多靴子中，最常见的是皂靴。这是一种黑色高帮白色厚底鞋，直到清代，皂靴还是部分官员上朝时所穿的鞋子。

皂靴

有趣的谢公屐

先秦时，人们便会用木头制作鞋底，制成木屐。木屐灵活轻便，鞋底有齿，有防滑的作用，适合在雨天穿用。

南北朝时期，诗人谢灵运设计了一种用来登山的木屐，称"谢公屐"。谢公屐的双齿可以被拆卸，上山时卸下前面的齿，下山时卸下后面的齿。这样不仅节省体力，还不容易摔倒。李白曾在诗中写道："脚著谢公屐，身登青云梯。"

上山时卸前齿　　　　　　　　下山时卸后齿

独特的旗鞋

清朝满族妇女一般穿旗鞋。旗鞋大概可分成平底鞋、厚底鞋和高底鞋。平底鞋和普通鞋子差不多，鞋底较薄；厚底鞋的鞋底较厚，类似现代增高鞋；高底鞋的鞋底最厚，甚至有十几厘米高，这种鞋子不仅可以显得女子高挑、秀美，还能避免旗袍沾上泥土。高底鞋可分为元宝底、花盆底、马蹄底等样式。

古人原来这样吃饭

从连毛带血地生吃鸟兽，到用陶器将食物煮熟；从野果、生肉，到色香味俱全的菜肴、美酒、清茶……中国人生活中的烟火气越来越浓。

当一道道美食被端上餐桌，舌尖上的盛宴就此开启。美食不仅填饱了古人的胃，还让他们的生活更有滋味。

餐桌上的"五光十色"

在原始社会，人们靠采集和狩猎获得食物，有时候吃得肚皮滚圆，有时候饿得饥肠辘辘。后来，人们播撒植物种子，驯化野生动物，食物来源逐渐稳定，菜肴也越来越丰盛。

各式各样的主食

新石器时代，中国人尝试种植农作物，学会用谷物填饱肚子。生活在长江流域的河姆渡人种植水稻，生活在黄河流域的半坡人培育了粟（去皮后称"小米"）。商周时期，人们的餐桌上出现了小麦、黄米、大豆等食物。

南方人以稻米为主食，不过在先秦时代，人们蒸饭时，会先将大米放在锅里煮至半熟，然后捞出来沥干水分，随后放进底部有很多小孔的甑中，置于鬲上煮熟。秦汉时期，一种名为"干饭"的主食十分流行。所谓干饭，就是将粟米、黍米、稻米等粮食蒸熟后暴晒。这种食物可以随身携带，泡在汤中食用，十分方便。

1. 将大米煮至半熟。
2. 将半熟的米饭沥干水分。
3. 用甑和鬲将米饭蒸熟。

先秦时期，北方人大多吃粟。战国时期，有人发明了石磨，可以将小麦磨细，小麦渐渐流行开来。汉代后，小麦逐渐成为北方人的主食。唐宋时期，人们餐桌上的面食花样繁多。一个宋代人走进一家大饭店，可以享用到煎饺子、四色馒头、细馅大包子、丰糖糕、乳糕等面食。油炸面食也颇受欢迎。苏轼在海南儋耳时，经常到邻居老太太家的早餐铺吃"馓子"——用面粉和水揉搓出的面条，经过高温油炸后酥脆可口。苏轼还专门写了几句诗送给老人家："纤手搓来玉色匀，碧油煎出嫩黄深。夜来春睡知轻重，压匾佳人缠臂金。"

吃肉并不容易

先秦时期，只有贵族才能享用牛肉、羊肉等。后来，牛找到了自己的"工作"：耕田犁地，顺利进入了人类的保护名单中。汉魏时期，宰杀耕牛的人甚至会失去生命。不能随意吃牛肉，贵族便将目光转向了羊。据《宋会要辑稿》中记载，宋神宗熙宁十年（1077年），御膳房一年内要消费四十多万斤羊肉！

羊肉成为贵族的"座上客"，其价格也水涨船高。普通百姓买不起羊肉，只能买猪肉。但人们不知道猪肉的烹饪方法，再加上孙思邈曾说长期吃猪肉有损健康，所以猪肉在美食界的地位一直不高。直到苏东坡以百姓送来的猪肉为原料，发明了"东坡肉"，猪肉才能在饭桌上扬眉吐气。明清时期，猪肉成为汉族的主要肉食。

餐桌上的蔬菜

肉食难得,百姓就以蔬菜下饭。我国蔬菜种类繁多,清代出版的园艺学著作《广群芳谱》中,就收录了一百多种蔬菜。不过,有些蔬菜并非本土培育,而是来自千里之外。

汉朝时,张骞出使西域,打通了西域和中原的贸易之路,黄瓜、香菜等蔬菜传入中原。明朝时,郑和七次出使西洋,使中西交流更为密切,中国人因此吃到了辣椒、西红柿、马铃薯等蔬菜。

可口的水果

先秦时代，中国人就已经吃上了桃、李、枣等水果，《诗经》中还描绘了"投我以桃，报之以李"的场景。到了唐宋时期，人们可以品尝的水果就更多了。据《梦粱录》中记载，宋代人可以吃到樱桃、石榴、柿子、甘蔗、葡萄、杨桃、梨子、香蕉、木瓜、荔枝、杨梅等水果。

不过，古人有时还需要费一番心思，才能吃到可口的水果。比如，荔枝产于南方，又不易储存，北方很不常见。唐玄宗为了让杨贵妃品尝到鲜美的荔枝，就命人快马加鞭，换马接力，为此不知累死了多少匹马。

古人还会将水果制成蜜饯。南宋成书的《西湖老人繁胜录》中，记载了多种蜜饯，如蜜枣、蜜金桃、蜜木瓜、蜜金橘、蜜李子等。宋代设有"四司六局"，专门为官府或权贵之家举办宴会服务，其中有一个蜜煎局，是负责制作各色蜜饯的。

精致的糕点

古人的糕点花样繁多，甚至有"冰淇淋"——用奶制品、冰和蜂蜜制成，名为"酥山"，再插上花朵、彩枝等作为点缀，既美味又好看！

古人还会根据时令制作糕点。比如，寒食节时，人们会吃糯米酪、麦酪、杏仁酪、青团等食物；重阳节时，人们用米粉、果料等原料做成重阳糕，在糕上插小旗，蕴含"步步高升""寿高九九"的含义。

五花八门的烹饪方式

"食草木之实、鸟兽之肉,饮其血,茹其毛。"这是早期人类的生活场景。后来,人类发现了火,学会将食物煮熟。那么,中国古人是如何烹制熟食的呢?

原始人的烹饪方法

新石器时代,人类发明了人工取火,探索出不少烹饪食物的方法。比如,把肉串在木棍上烤——这大概是最早的烧烤了;用草、泥巴包裹食物,再将其放在火堆中烧,这种烹饪方法叫"炮"。

后来,有些人无意间发现被火烧过的黏土格外坚硬。于是,他们将黏土捏成容器,再放到火中烤,制成了陶器。最早的陶器大多被用来烹煮或盛放食物,如陶鼎。陶鼎的"肚子"又深又大,有三只"脚"。将食物放进陶鼎里,倒进一些水,在鼎下生火,可以慢慢地把食物煮熟。

让食物"翻来覆去":煎和炸

早在先秦时期,中国人就会将动物脂肪提炼成油脂,用以煎、炸食物。后来,人们制作煎炸食物的步骤越来越复杂。《齐民要术》中记载了"细环饼"的制作要点:

用蜂蜜水和面——如果没有蜂蜜，就用红枣水——加入牛油或羊油，最好能倒一点牛奶或羊奶。这样一来，炸出来的面点会更香脆。细环饼类似馓子。

有的煎炸食物据说和名人有关。南宋时，奸臣秦桧迫害岳飞。相传为了表达对秦桧的不满，有人把两条面拧合在一起，做成"人"形，然后下锅油炸，称"油炸桧"。后来，"油炸桧"演化成了常见的早点——油条。

煎炸美食在古人生活中无处不在。比如，宋高宗去参加张俊的家宴，宴席上就有江瑶炸肚、香螺炸肚、牡蛎炸肚等美食。在那时，走进一家大酒楼，就能闻到一股焦香味——来源于煎小鸡、煎鹅、煎茄子等。坐下来点一盘煎鱼肉，一边和朋友聊天，一边享用外焦里嫩的鱼肉，别提有多快乐了。

食物也会"醉"

周朝时,周天子常吃的八道珍馐统称"八珍",其中有一道名为"渍",就是用美酒腌制的牛肉。美酒难得,用来制作美食实在可惜。所幸古人发现可以用酿酒后剩下的渣滓(酒糟)来制作美食,方法也很简单,只需将酒糟和肉类一起放入坛中腌制。

在唐代刘恂所著《岭表录异》中,记录了时人制作糟姜的方法:"以盐腌藏入甜糟中。经冬如琥珀,香辛可重用为脍。""甜糟"就是米酒糟。到了宋朝,这种加工食物的方法流行起来,蔬菜和肉都能被做成糟菜。在南宋的都城临安(今杭州市),卖糟菜瓜、糟蟹、糟鹅等美食的食肆遍地开花。人们往往在用来密封罐子的泥块上做记号,以避免拿错。

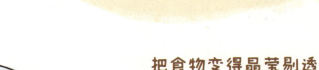

把食物变得晶莹剔透

肉冻

古人也吃猪皮冻,做法很简单,把猪皮去油脂后慢慢熬煮到黏稠状,待其冷却。在中国古代菜谱中,有"水晶""冻""膏"等字样的菜肴,大多都是用这种方法制成的。

宋代时,一道名为"水晶脍"的菜肴极为流行。据南宋成书的《事林广记》记载,当时水晶脍的原料是鱼,做法和猪皮冻类似:"用新水于锅内慢火熬,候浓,去鳞,放冷,即凝。细切,入五辛醋调和,味极珍。"诗人黄庭坚非常喜欢吃水晶脍,并称其为"醒酒冰",因为他最喜欢在酒醒后享用这道美食。

给食物化"烟熏妆"

　　古人将香料涂在食物上腌制入味晾干,再把食物架在小火上,利用烟和热气将食物熏熟,使之具有独特风味。这种烹饪方法称为"烟熏"。

　　《齐民要术》有载,人们用烟火将青梅熏制成黑褐色,称之为"乌梅",既用它入药,也当作食品。乌梅还被制成了饮料,《大业拾遗记》里记载:隋朝年间,一位禅师发明了五种不同颜色的饮料,其中黑色的饮料为乌梅浆——就是我们今天喝的酸梅汤。

　　古人还会熏肉。在元末明初成书的《易牙遗意》中,记载了"火肉"的做法——将猪腿腌制二十天,再用稻草烟熏制,熏好的猪腿能够散发出特殊的香味。清代,人们常将猪腿、鸡等原材料用盐腌制,再点燃谷糠、松柏等燃料,制成"熏鸡""火猪肉",长期存放。

古人的"酸甜苦辣"

商朝时，有个叫伊尹的官员对君王商汤说，治理国家就像烧煮食物，一位明君就像一个能调和五味的厨师。由此可见，五味（酸、甜、苦、辣、咸）在烹饪中的重要性。那么，古人是如何调和五味的呢？

甜蜜的滋味

在原始社会，人们靠采集野蜂蜜和果实来享受"甜蜜"的滋味。西周时，人们将发芽的谷物煮着吃，发现竟然能熬出甜味，由此发明了饴糖（又称"麦芽糖"）。古时，每逢腊月二十三，人们将麦芽糖做成的瓜状食品——糖瓜作为祭品，献给灶王爷。古人认为灶糖会让灶王爷的嘴变甜，让他多说好话。

唐代时，人们用甘蔗汁为原材料熬制出了红糖，还发明了制作冰糖的技术。明代人用黄泥水脱色法制作出了白砂糖，糖的种类越来越多。古人用糖制作了很多美食，在清朝成书的《燕京岁时记》中描绘了这样的场景：用竹签串上山里红、海棠、葡萄等，然后"蘸以冰糖，甜脆而凉"——没错，古人也喜欢吃冰糖葫芦！

舌尖的酸味

商高宗武丁曾经对贤臣傅说说："若作和羹，尔惟盐梅。"意思是："如果我是羹汤，你就是盐和梅子。"当时，人们常会在煮肉时加入梅浆，这样不仅能去除腥膻味，还能给菜肴增添少许酸味，使其别具风味。

后来，有一种调味品慢慢代替了梅子的地位——郑玄注《周礼·天官》："齐、菹酱皆须醯成味。""醯"就是醋。相传，杜康酿出了酒后，在镇江开了间酒坊。他的儿子黑塔常把酒糟倒进缸里，制成马饲料。有一天晚上，黑塔做了个奇怪的梦：一位神仙向他要缸中的饲料喝。第二天醒来，黑塔尝了尝马料，又酸又香，滋味妙不可言！于是，古人餐桌上又多了一道调味品：醋。

唐朝时，醋已经进入千家万户。备受人们喜爱的葱醋鸡、醋芹等美食，都离不开醋的"辅佐"。当时负责宫廷膳食的机构——光禄寺还设有掌醯署，并配备酿醋工匠呢！

古人也"吃苦"

先秦时期，南方地区流行吃豆豉——用煮熟的黄豆或黑豆发酵制成的调味品，因味苦而被称作"大苦"。因为只有少数人喜欢苦味，所以人们会在豆豉中加盐，以减少苦味。在古人的餐桌上，也有一些带苦味的食物，如蒲公英、苦瓜、杏仁等。它们既可以食用，又可以药用。

蒲公英　　苦瓜　　杏仁

不一般的辛辣

在古代，花椒、生姜、食茱萸并称"三香"。花椒香气浓郁，具有独特的麻味；生姜味辛，很受古人喜爱，孔子曾说"不撤姜食"；食茱萸有独特的辛辣味，古人曾将食茱萸熬成膏状作配料，增加菜肴的美味。

花椒　　生姜　　食茱萸

大蒜　　香菜　　胡椒

西汉时，大蒜经丝绸之路传入中原；唐宋时期，人们又爱上了产于印度的胡椒。胡椒在古人心中地位很高，唐朝宰相元载被抄家后，官兵在他的家中搜出了八百石胡椒！胡椒甚至被皇帝拿来"发工资"，明宣德帝就曾将胡椒和苏木分发给官员。

明代时，辣椒经海上丝绸之路传入中国，中国人最初只是把鲜红的辣椒作为观赏植物。但到了清代，辣椒已经成为中国人生活中必不可少的调味品，有些人甚至会在汤里放辣椒！

无盐不成味

古籍记载，黄帝的大臣夙沙氏发现，熬煮海水后可以得到晶莹的结晶体——盐。此后古人的餐桌上多了一种调味品。除了熬煮海水，古人还发明了晒盐法，即将海水引入低洼处的晒盐池中，待海水被蒸发，池中便剩下了盐。后来，古人又掘井汲取地下水，制成井盐；将咸水湖的湖水制成池盐；开采地壳中的盐，制成岩盐。

作为一种生活必需品，盐的销量极高。春秋时期，齐国的政治家管仲提出"官山海"的政策——由国家控制盐、铁、山林等自然资源。这个政策使朝廷积累了大量的财富，齐国因此变得富强。后来，各朝皇帝都很重视盐的价值，颁布了政策，或只准官府卖盐，或由得到朝廷许可的私商贩卖。

古人去哪里吃饭

很久以前,大多数百姓吃饭的场所仅局限在家里的"一亩三分地"。随着时代发展,大街小巷出现了五花八门的"食肆"——饮食店。到唐宋时期,食肆已经遍布大街小巷,酒店、食店、面食店、荤家从食店一应俱全,人们有了"下馆子"的地方,吃饭更方便了。

丰和俭,皆由人——人人都能下馆子

富豪名流齐聚会,一般会前往大酒楼——"正店"。据说北宋汴京城(今河南开封)最有名的正店"樊楼",每天都要接待上千位食客呢!正店饮食器具一应俱全,菜品五花八门,口味上乘,服务体贴入微,唯一一个缺点就是——太烧钱!

普通百姓则喜欢成群结队到一些专卖小菜的食肆吃饭,吃几片煎豆腐,抿一口小酒,心情好不畅快!很多食肆还提供"送菜上门"的服务,"外卖员"拎着食盒走街串巷。人们足不出户,就能够吃到热气腾腾的饭菜,真是自在乐逍遥!

走到哪，吃到哪——随时随地吃美食

除了固定经营的食铺，早市卖粥饭、夜市卖小吃的"路边摊"也十分常见，免去了房租成本，叫卖还自由灵活。

不过在宋朝之前，想要摆个小摊并非随心所欲。比如，唐朝时，长安城中有专门的商业中心——东市和西市。到了宋朝，生意人更加自由一些。汴京城内城外店铺林立，小摊子沿街铺设，甚至将摊铺摆到了汴京的河桥上。尤其在早晚市，摊位曾一直排到皇宫门前，一度造成交通堵塞。

招徕客，生意火——广告促销玩起来

食肆数量多了，店家和摊贩便要绞尽脑汁为自己招徕顾客。有的悬挂幌子和招牌，有的在门口搭起"彩楼欢门"——挂满绣球、花枝的木头架子，有的将自己店铺和摊位周围装饰上彩带……各式各样，令人目不暇接。

有的店家别出心裁，打造出具有特色的饮食环境，让食客意犹未尽。南宋时，有个叫宋五嫂的人把鱼羹店开在船上，在湖上一边撑船一边贩卖，游客边游玩边品尝鱼羹，别有一番趣味。据说，宋高宗也曾光临过宋五嫂的鱼羹店呢！

古人饮酒趣事多

我国酿酒历史悠久。传说黄帝时代,有个叫杜康的人把吃不完的粮食倒进了树洞里。有一天,他发现谷物已经发芽,渗出的液体散发出特殊的清香,这就是酒。

五花八门的酒

夏商时期,酒已经是宴会和祭祀的"常客"了,而且酒的种类繁多:用果实发酵而成的果酒、用黄米酿造的米酒等。周代时,人们用辣蓼草粉与米糠混合制成酒曲,再添加糯米,酿成口味独特的黄酒。汉代时,葡萄从西域传入中原,人们开始酿造葡萄酒。唐代大臣魏征还曾把自己酿的葡萄酒称为"酪醚"和"翠涛",颇具诗意。

早期的酒大多发酵而成，酒精含量比较低，如米酒。传说，张飞最爱在炎炎夏日痛饮"山泉甜米酒"，这样既能够去除夏季的暑热，又不耽误行军大事，美哉乐哉！

元代时，人们尝试用蒸馏法造酒——将发酵酒加热，升腾的蒸汽遇冷凝结成"酒露"，滴落在容器里，蒸馏酒就制作好了。这种酒的酒精含量较高，"清如水，味极浓烈"，容易喝醉。

喝酒也会误事

凡事过犹不及，喝酒过度会耽误正事。春秋时期，楚共王带兵和晋国的军队于鄢陵交战，最后战败。楚共王命人叫大司马子反来商议接下来的对策，谁知子反喝醉无法前来。楚共王气愤地来到子反的帐篷，一掀开门帘就闻到了浓浓的酒气，顿时火冒三丈。他生气地说："子反此时喝酒，是因为心中没有国家！"楚共王一气之下带着军队回国了。

不过，君王饮酒误事也有可能变成好事。齐桓公曾经因为喝醉酒，不小心把帽子丢了。他觉得很丢人，所以好几天都没有上朝。管仲劝齐桓公好好治理国家，洗刷丢帽子的耻辱。齐桓公便开仓赈济穷人，释放罪轻的犯人。百姓们都高兴地歌唱："（主君）为什么不再丢一次帽子啊！"

酒中文化

西周的统治者认为，在促使商朝走向灭亡的众多因素中，酒的作用不可小觑。因此，周公颁布了我国最早的禁酒令——《酒诰》，告诫人们不可沉湎饮酒，规定只有祭祀时才可以喝酒。

东汉末年，丞相曹操为了节省粮食，下令不准造酒、买酒、喝酒，甚至不允许百姓提"酒"字。为了逃避责罚，百姓们创造了一套有关酒的"暗语"，如称清酒为"圣人"，称浊酒为"贤人"。

从隋朝开始，朝廷基本不禁酒，"酒自由"的时代到来了。酒在人们生活中越来越重要，酒宴的作用也愈加复杂。有时候，一场酒宴会持续一天，甚至几天——赴宴者不是为了喝酒，而是为了社交。

耳杯，又称"羽觞"，是古代的盛酒器。

耳杯

耳杯停在谁面前，谁就喝酒。

妙哉！

大概是枯坐对饮过于无趣，所以古人发明了很多助兴的游戏，酒令就是其中之一。推选一人为令官，其他人听其号令——轮流说诗词、对对联、猜字谜等，答不上来的人就罚酒。看来，没有文化还上不了酒桌呢！

投壶游戏也备受古人喜爱。在酒席间放置一个箭壶，宾客站在离箭壶5～9尺的地方轮流向壶口或壶耳投箭，按照投中的箭数计分，得分高的人获胜，得分少的就要受罚饮酒。据说，司马光就是位投壶高手呢！

古人喝茶三五事

相传,神农氏尝遍百草:"日遇七十二毒,得茶而解之。"起初,人们将茶当作一种清热解毒的药材;西汉末期,茶作为一种高级饮料在宫廷流行开来;唐代时,经济腾飞,丝绸之路畅通,茶业贸易十分兴盛,茶叶远销海外。

唐朝人"吃茶"讲究多

在唐代,茶分粗茶、散茶、饼茶、末茶等,其中最流行的是饼茶。人们通常将茶饼或茶团放在火上烤,然后碾成粉末,用上好的水煮沸饮用。

有人喜欢在茶水中加入葱、姜、枣、橘皮、薄荷等,熬成粥后享用。

唐德宗就特别喜欢在煎茶时加入苏椒、奶酥和盐。

一沸　　　　　二沸　　　　　三沸

在唐代，饮茶慢慢发展成为一种艺术，还出现了一位被誉为"茶圣"的人——陆羽。陆羽写下了世界上第一部茶叶专著——《茶经》。《茶经》中详细记录了茶的来源、各类茶具、烹饮方法、饮茶逸闻等。

陆羽认为，"吃茶"会掩盖茶叶原有的清香味道，直接清饮更佳。关于煮茶的技巧，他研究出了"三沸法"。水面冒出小气泡时为"一沸"，适度加入炒制的食盐调味；水面边缘涌起连珠水泡时为"二沸"，这时舀出一瓢水来，倒入茶沫轻轻搅动；等到茶汤波浪翻滚时便是"三沸"，此时再把"二沸"时舀出的水倒入锅中止沸。这样就能泡出一杯好茶了！

明朝人"冲茶"真豪爽

明太祖朱元璋在洪武二十四年（1391年）下令禁止使用茶饼，而采用散叶茶。明代的茶道趋向自然和简约，没有太多烦琐的程序。人们很少在茶里加花朵或香草，认为享受茶叶的本真气味才是最好的。

散茶　　茶饼

茶馆和茶摊

唐宋时期,街道上随处可见专门煮茶、做茶粥的店铺——茶坊、茶肆。明代时,人们在路边摆摊,用粗瓷碗卖大碗茶。正如《儒林外史》中所描绘的:"这一条街,单是卖茶就有三十多处,十分热闹。"

清代的茶馆数量更多。人们一边喝茶,一边观看说书艺人的表演,自在逍遥。茶馆还是商人、手艺人的"信息中心",如上海茶馆中有"茶会市场"。该茶馆经常举办服装业茶会、印染业茶会等活动,人们可以在这里打探行情、寻找合作伙伴。

对于洗漱，古人是认真的。在他们看来，定期清洗干净，不仅关系到个人形象，身体健康，还是礼仪文明的象征。

为了更好地洗漱，古人可谓是煞费苦心，他们用淘米水除垢，用皂荚制作肥皂，将杨柳枝做成牙刷，还设计过非常"现代化"的澡堂呢！

"洗"出来的历史

据说，上古时期，帝喾有个叫简狄的妃子。有一天，她和姐妹们到野外洗澡。洗着洗着，简狄忽然看到有只燕子在水畔产下了一枚卵，她捡起鸟卵把玩，结果不小心吞了下去。回去以后，简狄就怀孕了，不久生下一个叫契的男孩。契是商人的祖先，历史上称这个传说为"玄鸟生商"。有趣吧？一个国家竟然是从"洗澡"开始的。

"洗"出的朝代

传说中，简狄洗澡，开启了商人的历史。但真正"洗"出一个朝代的，是契的后代商汤。

夏朝末年，商国的工匠们用青铜铸造了一个大浴盆，献给国君商汤。商汤非常高兴，躺在盛满温水的浴盆中，他觉得疲惫尽消，心中突然涌起一个念头："要是人每天像清洗身体一样，提升自己的能力和德行，那还有什么办不成的事呢！"于是，商汤唤来工匠，让他们在自己的浴盆上刻下"苟日新，日日新，又日新"九个字。

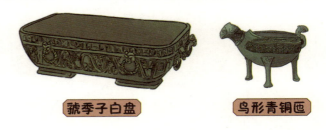

虢季子白盘　　　鸟形青铜匜

先秦时期，人们常用铜盘来盛水。小盘作洗手盆、洗脸盆，大盘作浴盆。盘和匜组合使用，匜倒水，盘盛水。

在这几个字的激励下，商汤施行仁政，任用贤臣，善待百姓，将国家治理得井井有条。后来，夏桀无道，商汤就起兵推翻了他，建立了商朝。

"洗"出一个盛世

周武王建立周朝后，没过多久，他就病倒了。因为儿子成王还年幼，武王就将国家托付给弟弟周公旦。周公执掌大权后，下诏求访人才来辅佐自己。

有一次，周公正在洗头，忽然听闻有贤人前来拜访。他立刻用手攥住头发，前去迎接。人们见他手中还握着湿漉漉的头发，就问："为什么不洗好头发再出来呢？"周公惶恐地回答："不敢怠慢贤人。"

那时，周公为了接待贤人，洗发时要中断几次，吃饭时也要停下几次。渐渐地，人们都知道了他的诚意，那些有才能的人纷纷前来投奔他。周公在这些人的辅佐下，帮助成王开启了一段天下安宁的盛世，史称"成康之治"。

洗澡，请勿偷看

春秋时期，晋文公重耳在落难时逃亡到了曹国。曹共公看到这位落魄的大国公子，立刻吩咐侍从："晋国公子风餐露宿，一定非常疲惫，快去准备热水，为他沐浴更衣。"重耳非常感动，在侍从的引领下，前去沐浴。

然而，就当重耳脱光衣服，准备清洗身体时，曹共公带人忽然推门而入，取笑道："听说重耳的肋骨与旁人不一样，快让我开开眼！"重耳羞得入地无门，却只能忍辱负重。

几年以后，重耳回到晋国，夺取君位。他念念不忘那次洗澡的屈辱经历，继位三年之后，下令出兵攻打曹国。曹国弱小，无力抵抗，曹共公一边逃亡，一边叹悔：原来偷看别人洗澡，是要被灭国的啊！

"洗澡"与王朝的兴衰

周朝时,长安附近有很多温泉。周幽王就曾在骊山之北建立温泉宫,供美女褒姒沐浴。此后,周、秦、汉、隋历代统治者,都将那里设为宴游享乐的行宫别苑。

到了唐朝,唐太宗平定天下后,为了放松身心,下诏在温泉宫的基础上,修建汤泉宫。宫殿修好后,唐太宗率领满朝大臣,享用了一场舒服的温泉浴。他说:"我之所以建这个行宫,调养身体,是为了继续治理国家。"他励精图治,选贤任能,开创了"贞观之治"。

后来，唐玄宗又扩建汤泉宫，并将其改名为"华清宫"。不过，他将这个昔日洗去君臣疲惫之处，变成了与杨贵妃享乐、嬉戏的地方。据记载，唐玄宗在位期间，几十次幸游华清池，每次都是"千乘万骑被原野，云霞草木相辉光"。

就在唐玄宗沉溺于温泉的舒适与贵妃出浴的香艳时，"安史之乱"爆发，大唐的盛世转瞬间烟消云散。繁华的长安城被战火所摧毁，历代帝王青睐的沐浴圣地，也渐渐荒废。

古人在哪儿洗澡

在古代,洗澡可不是一件小事。它不但关乎个人卫生,还是礼制的重要内容。《礼记》中就曾提到:"儒有澡身而浴德。"在儒者看来,清洗身体与修养德行同样重要,二者缺一不可。那么,古人都是在哪里洗澡的呢?

野外沐浴

古时,人们将农历三月初三定为上巳节。每逢上巳节,人们都要结伴到水滨河畔举行"祓禊"活动:在河边嬉游、饮酒,然后用河水沐浴洗涤。古人相信,这样做不但能洗去身上的污垢,还能祛除晦气和病魔,获得一年的平安。

孔子曾询问弟子们,有什么样的志向。弟子曾点回答道:"莫春者,春服既成,冠者五六人,童子六七人,浴乎沂,风乎舞雩,咏而归。"就是说,暮春三月,换上春衣,大人小孩,一起到沂水中沐浴洗濯,然后在舞雩台上吹吹风,一路唱着歌回家。孔子听了,非常高兴,称赞说这也是他所向往的生活。

浴室：贵族专属

对有些人来说，和陌生人在一起洗澡，并不是什么轻松、快乐的事情。古人注重保持卫生，也同样看重个人的隐私，于是专供洗漱的用具——澡盆便被发明了出来。澡盆出现的时间不会晚于商代，因为在甲骨文中"浴"字，就是一个人在澡盆中洗澡的形象。

甲骨文中『浴』字

那时的澡盆，多用青铜器打造，称为"盆"或"盘"。《礼记》中就提到"浴水用盆，沃水用枓"。枓，是用来舀水的器具。此外，洗浴时"搓澡巾"也是必备之物，按照礼制天子沐浴要"浴用二巾，上絺下绤"，即用细葛布澡巾擦拭上身，用粗葛布澡巾擦拭下身。

浴盆的出现，让洗澡更加自由。不过，那时洗澡也必须"依礼而动"，有很多规矩，譬如，男女不可同浴，不能共用一个澡盆，甚至洗澡水都不能从同一口井里打出。卫国的君主卫灵公就因为和妻妾"同滥而浴"（滥通"鉴"，即浴盆）被人认为违背礼制而获得了"灵"的谥号。

浴室的出现，也是在商周时期。《周礼》中说："王之寝宫中有浴室。"浴室由宫人专门维护，他们不但要服侍天子寝居，还要保证宫中水井干净、没有异味，可以随时供天子沐浴使用。

到了春秋战国，各诸侯都建有豪华的"王室浴所"。在陕西栎阳城遗址发现的秦国浴所，浴室内铺有地砖，墙壁上嵌着纹饰精美的墙砖，室内一角下凹形成漏水口，与室外的排水沟相连，设计非常巧妙。

平民洗浴

汉朝以后,木制浴盆出现了。木盆的造价低廉,自此平民百姓也能在家中享受沐浴的乐趣了。用木盆洗澡时,人们会在旁边放一桶热水,随时加水,来保证浴盆中的水温;有的直接在大浴盆下生起炭火。古人还会往浴盆的里面加入一些香料和花瓣,让洗澡的人身上满是清香。

宋朝时,随着城市的发展和商业经济的繁荣,公共澡堂出现了。澡堂里有泡澡的池子,水永远是温温热热的,若是客人愿意多花上几枚钱,还能享受到搓背、修脚等服务。大诗人苏东坡就酷爱泡池子,他曾做了首《如梦令》来调侃用力过大的搓澡人,其中写道:"寄语揩背人,尽日劳君挥肘。轻手,轻手,居士本来无垢。"

服务"一条龙"的混堂

元朝以后,公共澡堂有了新的名字——混堂。名字的来历,有多种说法:一是说,洗澡的客人既有平民百姓,也有官吏富豪,大家混在一起洗浴;一是说,浴池的水与外面加热的大瓮相连,热水流入池中与冷水混合,翻腾滚动,所以得名;还有一种说法,就是浴池中人来人往,水却一整天不更换,污浊混沌,所以称为"混堂"。

混堂里面服务项目更加齐备。元代由朝鲜人编纂的《朴通事谚解》中记载,有个姓孙的客人,头回来混堂,不知价格。同伴向他报价:"泡澡五个钱,挠背两个钱,梳头五个钱,剃头两个钱,修脚五个钱,全套共需十九个钱。"

高级一点儿的混堂,服务态度没的说。客人进入里面,就有伙计迎接,脱下的衣服、帽子、靴子,有专门的柜子收存。客人可以先在池子里泡一会儿,再到内间睡一会儿,接着出去冲洗一番,然后到客位歇一会儿,顺便梳刮头、修个脚,身上干了,穿好衣服,还能吃几盏酒再走。

差一点儿的混堂,服务就没这么细致了。不但项目少,而且还经常出事故。明人在《精选雅笑》中就记载了一个洗澡丢衣事件。有个叫义官的,到混堂洗澡,洗完一看外衣、内衣都不见了。混堂的主人不但推脱责任,还讥讽他是要讹诈。义官气愤之下,戴好纱帽,穿好靴子,赤身系着腰带,对众人说:"难道我就是这么走来的吗?"惹得众人哄堂大笑。

古人什么时候洗澡

古人非常重视洗澡这件事。《仪礼》中记载:"管人为客,三日具沐,五日具浴。"意思是,厚待客人,一定要提供方便,使人家能三天洗一次头,五天洗一次澡。那么,古人什么时候会洗澡呢?

有病则洗

在古人看来,洗净身体,就能防止患病,缓解病情。所以,《礼记》中说"头有创则沐,身有病则浴"。尤其在气候潮热、毒虫众多的南方,人们早在春秋战国时期,就有在端午时洗浴的习俗。

为了更好地除去晦气和疫病,人们还用艾草、佩兰等煎汤,来清洗身体,也就是沐兰汤。屈原在《九歌·云中君》里提到的"浴兰汤兮沐芳"正是这一习俗的写照。

有大事则洗

春秋末年,孔子在家忽然听到一条重磅消息——齐国大夫田常弑杀了国君齐简公。以臣弑君,这还了得?孔子大怒,立刻吩咐弟子烧水沐浴。清洗干净身体,老人家才备车入宫,面见鲁哀公,请他出兵讨伐悖逆的田常。《论语》中记载道:"孔子沐浴而朝。"在古人心中,沐浴是一种庄重的礼仪。沐浴而后祭祀,是对天地祖宗的恭敬;沐浴而后面君,是对君主的尊崇;沐浴而后访友,是对朋友的重视。

洗澡假

秦汉时期,对于官员什么时候洗澡已经有了明确规定。《汉官仪》中记载,每五天皇帝给官员们放一天假,让他们回家去沐浴洗濯,称为"休沐"。唐朝时,大概是皇帝觉得五天放一次假太频繁了,又对休沐制度进行了调整。改为"十天一浣",每月三天假,分别为"上浣""中浣""下浣"。

当然,规定虽如此,但有时条件不允许,长时间不洗澡,也是没有办法的。譬如,唐代大诗人白居易,曾因直言进谏,触犯权贵,而被贬到江州做官,一路上颠沛流离,以至于"经年不沐浴,尘垢满肌肤"。

古人用什么洗澡

现在人们有各种各样的洗漱用品,肥皂、香皂、洗发水、沐浴露,哪一种都能将身上的污垢除得干干净净。那么在没有这些化学制品的时候,古人是用什么洗澡的呢?

泥土

原始人在河水中洗澡时,意外地发现身上沾有泥巴的人,反而能洗得更干净。虽然他们还不明白碱性的泥土,能够与含有油脂的污垢发生皂化反应的原理,但已经懂得使用这种最早的"除垢剂"了。

草木灰

到了周代,人们发现了泥土的替代品——草木灰。这是一种更加纯净的碱,除垢效果更好。不过,人们主要用它来清洗衣物,《礼记·内则》中就记载:"父母的帽子、衣带脏了,要和着灰为他们清洗干净;衣服脏了,也要和着灰为他们清洗干净。"

淘米水

春秋时,淘米水成了最新款的"洗涤剂"。人们相信,它不但能除垢,还有保健的功能。

《礼记·玉藻》中专门指出："要用淘洗稷的水来洗头,用淘洗粱的水来洗脸。"

《左传》中记载,齐国有个叫陈逆的人,因为杀人被抓到监狱中。他的族人为了救他,就让他装病,再打着送淘米水洗头的幌子,送去了酒肉。陈逆用酒肉贿赂狱卒,将他们灌醉,这才逃了出来。

皂荚

南北朝时,人们发现皂荚可以用来洗澡,而且除垢效果比淘米水要好得多。所以,这种天然肥皂很快就流行开了,民间百姓用它洗衣洗脸,王宫贵族也用它洗澡沐浴,一时间皂荚供不应求,社会上还出现了售卖皂荚的店铺。

用皂荚为原料制作的肥皂团

到了宋朝,人们将天然皂荚捣碎研细,配上香料,做成橘子大小的球状物,专供洗浴之用,民间称之为"肥皂团"。《武林旧事》中记载,在南宋的临安城里,有专门经营肥皂团的生意人。

胰子

现在还有很多地方,将肥皂称为"胰子"。最早的胰子,可以追溯到汉代的"澡豆"。人们将猪胰腺晒干,磨成粉状,与豆粉、香料等均匀混合,团成豆子状,晾干后专供洗浴时去污。

用猪胰腺为原料制作的肥皂

明清时,制作胰子的工艺得到了改进。人们在磨碎的猪胰腺中加入砂糖,用纯碱取代豆粉,并加入动物脂肪,混合均匀后,压制成想要的形状。为了让胰子更好闻,还可以在材料里混入各种香料,做成桂花胰子、玫瑰胰子等。

刷牙，古人是认真的

老子向老师常枞请教处世之道。常枞问老子："人是先有牙齿还是先有舌头？"老子回答说："先有舌头，因为人一出生就有舌头了，牙齿是后来长出来的。"常枞张开嘴巴问："你看我的牙齿还在吗？"老子说："已经掉光了。"又问："舌头还在吗？"老子说："还在。"常枞说："舌头柔软，所以完好无损；牙齿坚硬，因此不能保全。柔弱胜刚强啊！"在古代，牙齿脱落就象征着人的衰老，所以古人非常珍惜牙齿。那么，他们又有哪些护牙秘方呢？

没牙刷，就漱口吧

在没有牙刷和牙膏的年代，人们最初通过漱口，来清洁口腔，保护牙齿。《礼记》中说："凡内外，鸡初鸣，咸盥漱。"盥，是洗脸；漱，就是漱口。即无论男女，每天早上起床，都要洗脸漱口。

一开始，古人都用清水漱口。后来，他们发现盐水不但能清除牙齿间的食物残渣，还能清新口气，除去异味，就开始用盐水漱口。孙思邈的《千金要方》中记载了盐水漱口的步骤："每旦以一捻盐内口中，以暖水含……不过五日，口齿即牢密。"

不同的漱口液

除了平日清洁，对于有龋齿和其他牙病的人，古代的医生还会配制各种汤药，来漱口治疗。汉朝，有个齐国中大夫深受龋齿困扰，于是向名医仓公求助。仓公诊治之后，为其调配了苦参汤，让他每天漱口。中大夫遵照嘱咐，每天用三升苦参汤漱口，过了五六日，牙痛就停止了。

此外,茶水、醋和酒,也是古人常用的漱口之物。李时珍的《本草纲目》中记载古方,说:"饮食之后,用浓茶漱口,既能纾解烦腻,平复脾胃,又能坚固牙齿,避免蛀牙出现。"

简单的刷牙——揩齿

揩齿,就是通过抹擦来清洁牙齿。可以视为牙刷未出现前的刷牙方法。古人有三种揩齿之法。第一种,直接用手指揩齿。口中含着盐水,或是用手指蘸着盐粒,再伸入口中,反复抹擦牙齿。这种方法在南北朝时非常流行,敦煌壁画中,就有多处僧人以手揩齿的场景。

第二种,用"揩齿巾"揩齿。人们用布做成牙刷,蘸着各种牙粉来清洁牙齿。这种方法在唐代时开始普及,同时很多调配牙粉的方法也被创造了出来,有的牙粉里含有桂花,有的牙粉里含有皂荚,还有的以当归、地黄等药物来调配。牙粉的作用,几乎与今天的牙膏无异,有些可以清新口气,有些可以消炎止疼,还有的能治疗牙龈出血。

第三种,是用"齿木"揩齿。齿木,就是杨柳等植物枝条,将其一端咬开,露出纤维,咀嚼几下,就成了刷子的形状。古人认为,每日早晨,用齿木揩齿,不但能清洁牙齿,还可以祛风、消肿、止痛。

1. 将植物枝条一端咬开　　2. 用齿木刷牙

与洗漱有关的趣事

在几千年的历史当中,发生了很多和洗漱有关的故事,你知道多少呢?

洗耳

相传,尧帝年老的时候,想寻找一位贤人,来继承自己的天子之位。身旁的大臣对他说:"有个叫许由的人,隐居在乡间,道德崇高,深受百姓敬重,为何不考虑一下他呢?"

尧帝于是派人去邀请许由。哪知许由得到消息后,连夜跑入箕山里躲避。尧帝又让人带话给他,说:"您要是不愿做天子,就先做个九州长吧!"许由听了,皱着眉头,跑到颍水边,一边用水洗耳朵,一边说:"这种不干净的话,简直污染了我的耳朵!"

这就是"洗耳"一词的由来,它本来表示不认同对方的说法。可在使用当中,人们慢慢赋予了它恭敬对方的含义,还演变出了"洗耳恭听"一词。

沐则心覆

晋文公重耳在国外逃亡时,让一个叫头须的下人掌管钱财。结果,在路上头须带着钱财,一个人跑回了晋国。重耳非常生气,等他回国以后,做了国君,就想惩罚头须。命令还没有下达,头须自己找上门来请求拜见。

重耳正在洗头,让人将他赶走。头须对通报的人说:"洗头时都要弯着腰,腰弯着,心就倒过来了。心倒过来,考虑问题也就错乱了。怪不得我不能被接见!不过,国君要是对一个下人记仇,那害怕的人就多了。害怕的人多,国君自己也就危险啦!"通报的人将这话传给重耳,重耳觉得有道理,立刻停止洗头,接见了他。后来,"沐则心覆"就用来提醒人们,遇事要以更全面的角度考虑,不能因旧怨而生偏见。

不识澡豆

澡豆出现于汉代,但到了晋代也没有普及,就连很多出身高贵的士族也从未见过。晋武帝的女婿王敦,还因此闹出了笑话。

王敦刚刚娶公主为妻。一次,上厕所,发现里面多了个箱子,箱子里装满干枣,那是皇家用来塞鼻子的,但王敦不知道,以为是吃的,一口气全都吃掉了。出了厕所以后,婢女们又举着盛满水的金盘和装着澡豆的琉璃碗,请他洗手。王敦也不懂,以为还是吃的,于是将澡豆倒入水中,一边饮用,一边夸赞这"干饭"味道不错。婢女们见状,无不掩口而笑。

枕流漱石

　　枕石漱流,用来形容古代隐士们以天地为席,以清泉漱口的自在生活。晋朝时,孙康在和朋友王济聊天,误将"枕石漱流"说成"枕流漱石"。王济听了,哈哈大笑,反问道:"流水能用来枕吗?石头能用来漱口吗?"

　　孙康灵机一动,巧妙地回应:"我就是要枕着流水,用石头漱口。枕着流水,能够清洗耳朵;用石头漱口,可以磨砺牙齿。"

邋遢相公

爱洗澡的人很多，"唐宋八大家"之一的王安石唯独以不洗澡而出名，因此还被时人取了个外号——"邋遢相公"。《石林燕语》中记载，王安石常一年不洗一次澡，衣服结垢了也不换下。他的两位好友吴充和韩维看不过去，就私下约定，每隔一两个月，一起带王安石去洗漱，各自拿出干净衣服，换下王安石的脏衣。两人还为这个行动起了个代号，叫"拆洗王介甫"。

浴佛日

明代诗人杨循吉，为人爱戏谑，一次有客人在三月初三去拜访他，他避而不见，推辞说自己正在洗澡。客人负气离开，认为他轻视自己。到了六月初六那天，杨循吉又去拜访那个客人，客人也说自己在洗澡，无法接见。没想到这正落杨循吉的下怀，他笑嘻嘻地题了一首诗，留在墙壁上："君昔访我我洗浴，我今访君君洗浴。君访我时三月三，我访君时六月六。"

原来，按当地习俗，三月三为浴佛日，六月六为浴猫狗日。杨循吉等了三个多月，只为和人开个玩笑。

古人原来这样睡觉

从古人的视角来看,相当一部分现代人是"不会睡觉"的。之所以这样说,是因为在古代,睡觉既要有固定的时辰,又要有正确的姿势,甚至头的朝向也不能弄错……

这些规矩,可不是"穷讲究",而是经过千百年验证的养生秘籍。精致的生活,从睡觉开始,让我们一起向古人学习一下吧!

古人睡觉讲究多

人生有将近三分之一的时间都在睡眠中度过。对"日出而作,日入而息"的古人来说,睡眠更是劳累一天之后,必不可少的恢复和享受的过程。那么古人在睡觉上,又有什么讲究之处呢?

何时该去睡

古人认为,一年四季,人的身体状况是不同的,所以睡眠时间也要随季节而调整。古人习惯于在"亥时"入睡。汉武帝太初年间,制定新的历法,人们根据生活习惯,将一天中的十二个时辰分别称为:夜半、鸡鸣、平旦、日出、食时、隅中、日中、日昳、晡时、日入、黄昏、人定。人定,也就是夜已深,人们停止活动,睡意萌生。人定为亥时,即晚上九至十一点。

明朝,谢肇淛在《五杂俎》中说"夜读书不可过子时"。子时是夜里十一点到一点。他认为这个时段,是人气血回归心脉之时,如果不好好休息,就会血气耗损,百病皆生。

何时当起床

东晋大英雄祖逖,年轻时与刘琨同宿,每日中夜听到鸡鸣便立刻从床上跳起,拉着刘琨去练习武艺。后人用"闻鸡起舞"来形容他们的勤奋。而鸡鸣的时间,一般在凌晨三点左右,可见祖逖的起床时间是相当早了。但并不是所有人都这么早就起床。

古代的平民一般是"亥时睡,卯时起",卯时也就是清晨五点到七点之间。中医上认为此时人的生气茂盛,起来走动有益健康。不过,有些勤奋的人,一般寅时,也就是凌晨三点到五点就起床,如《曾国藩家书》中说:"我朝列圣相承,总是寅正(早晨四点)即起,至今二百年不改。"《宋朝事实类苑》也记载,宋太宗有早起办公的习惯,每日"五鼓而起"。

睡眠的仪节

《论语》中说,孔子"食不语,寝不言""寝不尸,居不容"。作为最讲究仪节的圣人,孔子在睡觉的时候,有"不言""不尸"的规矩。不言,就是到了睡觉的时间,就安安静静地等待入眠,不会多言多语,打扰别人。不尸,就是睡觉时,身体要侧卧而眠,不宜像尸体一样仰面横躺。

此外,《礼记·玉藻》中要求君子"寝恒东首",而且若夜里遇到"疾风迅雷甚雨,则必变,虽夜必兴,衣服冠而坐"。也就是说,君子睡觉的时候,要头朝东,若夜里忽然出现大风雷雨天气,就要立刻穿好衣帽,神色严肃,恭敬地坐起来,等风雨结束之后再睡。

睡眠朝向

《千金要方》中说:"凡人卧,春夏向东,秋冬向西。"宋代的《保生要录》中解释道:"凡卧,自立春后至立秋前,欲东其首;自立秋后至立春前,欲西其首。"即晚上睡眠,春夏两季,头朝东;秋冬两季,头朝西,是有利于养生的睡眠朝向。清代养生专著《老老恒言》中也指出,不要头朝北而卧,以免沾染阴气。

此外，北宋温革的《琐碎录》还提出，卧处不能当风，头部不可向火。这是因为人在睡眠时，身体对环境的调整能力降低，当风而睡，容易感染风邪，患上头风等病症；同样，对着炉火，容易使人火气蒸犯，患感冒或痈疮等热疾。

睡眠姿势

在睡眠的姿态上，古人也相当讲究。三国时，应璩的《三叟长寿歌》中提到"夜卧不覆首"，即晚上睡觉，不将头盖上，是长寿的秘诀。《千金要方》中称，"夜卧常习闭口"，即闭着嘴巴睡觉，能保存元气，而张口睡觉不利于健康。

宋朝的陈抟更认为睡觉是养生修行的重要契机。他所撰写的《希夷睡诀》中提出了很多"睡功"，其中最好的睡觉姿势是：右侧卧，则屈右足；屈右臂，以手承头；伸左足，以手置于股间。左侧卧，与前相悖。

清代长寿老人李庆远在《长生不老诀》称"卧当如犬"，即像狗狗一样，舒展身体，侧向而卧。保持直脖颈，伸手臂，腿蜷曲，使四肢身体自然放松，从而达到"百脉调匀，气血周行"的目的。

古人熏香有情调

《拾遗记》记载，汉武帝最宠幸的李夫人去世以后，他日思夜想，不能入睡。一天晚上，他恍惚间看到李夫人朝自己走来，又匆匆离去。武帝惊醒，发现衣枕之上，多了一股蘅芜香气。自此，汉武帝每晚要熏蘅芜香来助眠。熏香，逐渐成了古人睡时的雅事。

熏香有历史

被中香炉

香的使用，自上古以来就存在了。最初人们通过焚烧有香气的植物、矿物来祭祀神仙，祛邪除秽。后来，人们又用含有香气的植物，煮汤沐浴来清洗身体，或是制为香囊佩戴。

到了秦汉之时，人们开始用香炉焚烧香物，来熏蒸被褥、衣服。汉代《西京杂记》中称，有人制作了"被中香炉"，香炉分多层，设机环，转运四周，可以保持炉体永远平稳。东晋的《东宫旧事》中记载，"太子纳妃有熏衣笼，当亦秦汉制"，可见那时的熏笼是重要的婚礼聘物，而且有的熏衣服，有的熏被褥，分工明确。

熏香显富贵

唐宋时期，中国与其他地区交往频繁，来自西域、南洋等地的各式香料被贡入宫廷，或流入市井，熏香活动变得更加多样且普及开来，成为一种风靡朝野的文化。

那时，熏香是达官显贵富有的象征。贵族们不再满足于中原地区的本土香料，来自西域、南方的龙脑香、沉香等成为他们的挚爱。《开元天宝遗事》记载，杨国忠家为了显示奢侈，冬季烧炭时，要将名贵的白檀木作为炉底料。唐代巨富王元宝，更是懂得享乐，"常于寝帐床前置矮童二人，捧七宝博山炉，自暝烧香彻晓"。

熏的是情感

权贵用熏香来显示自己的富足,而文人则通过熏香来追求精神、情感上的依托。相传,唐代大文豪柳宗元,每次收到好友韩愈寄来的诗文,都要先用蔷薇露洗手,再熏玉蕤香,然后才打开拜读,称读"大雅之文,正当如是"。

历代诗词中,关于熏香的名句更是数不胜数,李商隐有"金蟾啮锁烧香入",李清照有"薄雾浓云愁永昼,瑞脑消金兽",苏轼则用"金炉犹暖麝煤残,惜香更把宝钗翻"来表达对亡妻的怀念。

亡国词人李后主,有一款"鹅梨帐中香"。相传,此香为小周后亲手调制,是将鹅梨磨成梨汁,与沉香末混合,再蒸干制成。李后主为皇帝时,与小周后夜夜笙箫,便以此香助兴。后来,南唐灭亡,李后主成为阶下囚,小周后也被掳到开封。每当凄凉孤寂、夜不成寐时,李后主便焚烧鹅梨香来寄托亡国之恨。他的很多著名词句,都是在鹅梨香的熏浸下写出来的。

熏香的器具

古代贵族熏香，都有做工精美的香炉。魏武帝《上杂物疏》中记载："御物三十种，有纯金香炉一枚。"《东宫旧事》中也记载，晋朝"皇太子初拜，有铜博山香炉"。精美的香炉上，有的还刻着朗朗上口的铭文。汉代刘向的《熏炉铭》就以文采斐然，为后人推崇："嘉此正器，崭岩若山。上贯太华，承以铜盘。中有兰绮，朱火青烟。"

直接用炉子熏蒸衣物，多有不便，所以古人用竹子编制大笼子，罩在香炉或是火盆的外面，称为熏笼。北宋洪刍的《香谱》中介绍了熏笼的使用方法："以沸汤一大瓯，置熏笼下，以所熏衣覆之，令润气通彻，贵香入衣也。"

明代陈洪绶的《斜倚熏笼图》，清代任熊的《熏笼图》，都生动地描绘了女子倚靠在熏笼之上的场景。可见，那时"斜倚熏笼到天明"，已成为一种社会上广为流行的享受。

博山炉

在汉代很流行，因炉盖被雕刻山峦形状而得名。

古代枕头

《笑林广记》中记载了一则故事。有个读书人，寄居在寺庙里。一日，他外出游玩，归来后呼唤童子取书来，童子拿一本《文选》，读书人看了一眼，说："低！"童子拿来一本《汉书》，读书人看了下还是说："低。"童子又换了本《史记》，读书人依然说低。寺中方丈听了诧异地问："这三本书，能熟读一本就算是饱学之士。你认为它们都低，这是为何？"读书人回答："我玩累了，要睡觉，拿书来做枕头罢了。"

以书做枕头，自然是权宜之计，那么古人，都是枕着什么来睡觉的呢？

木枕和竹枕

《说文解字》中说："枕，卧所以荐首者"。其实，从字形上就能猜到，古人用来做枕头最常见的材料是木头。经发掘的战国时期的楚墓中，就出土过漆木床具，而枕头是用竹子制作的。

五代时，吴越王钱镠就为自己做了个"警枕"。警枕是圆木的，枕起来很不舒服，但钱镠要的就是这点。枕着这个东西，睡不了一会儿就得惊醒过来，这样他就能继续处理军国大事了。后来，司马光在编写《资治通鉴》的时候，也效法钱镠，做了个圆木警枕，这样就再也不怕自己睡懒觉，耽误工作了。

以玉石为枕

玉石，也是最早被用来做枕头的材料。《拾遗录》中记载，殷纣王有"玉虎枕"。古人认为，玉作为一种宝石，不但华润美观，且冷而不冰，凉而不寒，作为枕头对人的神经和大脑都非常有益。

不过，由于美玉价格昂贵，雕刻困难，真正以整玉雕成的枕头，其实很罕见。《新五代史》中记载，"燕人何福进有玉枕，直钱十四万"。后来何福进因事鞭笞家仆，被家仆诬告，称其玉枕从叛将赵延寿处得来，将要献给吴人。将军史弘肇垂涎宝物，就派人捕杀了何福进，并与部下瓜分了他的家财。

古人雕琢玉枕

以陶瓷为枕

玉石难得，但同样光滑的陶瓷却容易烧制。所以，自隋唐起，人们开始大量使用陶瓷枕头，到宋代陶瓷枕头就已经像木枕一样常见了。唐诗、宋词中常出现的"玉枕"一词，其实指的也就是陶瓷枕头。

陶瓷的枕头也能烧制成各种花样，比木制枕头更有艺术气息。古人有将陶瓷枕头烧成趴着的娃娃状的，有将枕头烧制成瑞兽状的。《旧唐书》中记载："韦庶人妹七姨，嫁将军冯太和，权倾人主，尝为豹头枕以辟邪，白泽枕以辟魅，伏熊枕以宜男。"

虎枕

美人枕

孩儿枕

软枕和药枕

木枕、瓷枕都很硬。所以,为了追求舒适,古人也用丝绸、棉布等套在硬枕的表面,或是在绸布、皮革中填充荞麦、蚕沙等小颗粒,做成软枕。尤其明代以后,硬质材料的枕头逐渐走向衰落,布枕开始成为枕头中的绝对主流。

布枕上,一般会绣上吉祥的图案,如鸳鸯、鲤鱼,不同的图案代表不同的含义。如鸳鸯,代表爱情,以其为装饰的枕头,常被用在婚嫁场所或作为定情信物。《西厢记》里,描写崔莺莺带红娘将枕头送与张生时,说"鸳鸯枕,翡翠衾,羞答答不肯把头抬"。

枕头里的填充物,还可以用各种药材充当,将枕头做成药枕。孙思邈在《千金要方》中就记载了众多药枕的做法,如"常以九月九日取菊花作枕袋、枕头,良"。李时珍的《本草纲目》也记载"煮豆枕之",可治"日夜不眠"。

枕头的其他妙用

历史上,枕头除了用来睡觉,还有其他的功能。如古人常在木枕之中做匣,来放重要物件。《越绝书》中记载,勾践曾"以丹书帛,置于枕中,以为国宝"——越王勾践将范蠡的治国之道,用朱砂写好,收藏在枕匣里面。

宋武帝刘裕在称帝之前,曾得到一个价值连城的琥珀枕头。众人都恭喜他获得了至宝。可刘裕却毫不在意,既没有拿着把玩,也没枕着睡觉。后来,他出兵讨伐后秦,听说琥珀能够治疗伤口,立刻让人将琥珀枕头取出来,凿碎分给受伤的将士。将士们由此大受感动,奋勇作战,一举攻破了敌军。

古代被子

据考证，棉花在中国的大范围种植和使用是从宋朝开始的，也就是说，在宋代之前，大多数人家中没有软和又保暖的棉被。那么，古人是靠什么熬过寒冷的夜晚的呢？

被子的由来

明朝人罗颀在《物原》中说"神农做被"，认为被子的发明者是神农氏炎帝。但这种说法并不准确。因为，被子是不需要发明的物件。原始人在天寒时，出于本能，将树叶、兽皮盖在身上，这就是被子的原型。

后来，人们学会种麻、纺织后，便用葛、麻等粗布覆体，做成布被；等到丝绸出现，则又有了丝被。人们发现单被不够保暖，便做成双层的被面，在里面填充丝絮、芦花等物，被子的形制和现代就相差不大了。

当然,被面的材料和填充物不同,性能也有天壤之别。富贵人家以锦缎做被面,内填真丝或动物的绒毛,盖起来既舒服又保暖;穷人则只能盖填充芦花、杨柳絮的粗布被,遇到寒冷天,挨冻是不可避免的。大诗人杜甫家中的被子就不怎么好,所以才会感慨:"布衾多年冷似铁,娇儿恶卧踏里裂。"元代作曲家贯云石也曾说,自己路过梁山泊,看到"有渔翁织芦花为被"。

在宋代人们还一度尝试用纸来做被子。大诗人陆游,晚年时被削职罢官,生活贫困潦倒。一年大雪到来,他正不知如何度过,忽然收到老友朱熹送来的纸被救济。陆游感动又感慨,一连写了两首诗答谢,其中有"纸被围身度雪天,白于狐腋软于绵"之句。在陆游看来,这纸被比狐裘和棉被还要暖和。当然,这都是因为有好友情谊的加持,真正的纸被自然是比不过棉被的,所以流行没多久就销声匿迹,被棉被所取代了。

古代的空调被和羽绒被

唐代苏鹗的《杜阳杂编》中记载,大轸国进贡一种"神锦衾",是由冰蚕丝织成的,"方二丈,厚一寸。其上龙文凤彩,殆非人工可及。暑月覆之,清凉透体"。在炎热的夏季,能够带来清凉,这不就是古人的空调被吗?

此外,古代其实也有"羽绒被"。南方有些地区,没有棉花,而水禽众多,当地人就取羽绒来充填被子。王安石在《论邕州事宜》中写到,邕州人"冬被鹅毛"。邕州就是广西南宁一带,显然当地人在宋代以前,就盖上羽绒被了。

被子也有很多种

先秦时，人们就将被子分为多种。《诗经·国风·小星》里有"肃肃宵征，抱衾与裯"，衾与裯，都是被子，一般认为衾特指大被，与称为"寝衣"的小被相对应；而裯则专指没有填充物的单被。

寝衣一般指古人短暂休憩时盖的小被。《论语·乡党》中说，君子"必有寝衣，长一身有半"。由此观之，寝衣也没有那么短小，其长度为一个半身高，比现代的普通被子盖起来还要充裕。

在单人被之外，古代也有双人被。乐府诗中有"文采双鸳鸯，裁为合欢被"一句，所以后人多以"合欢被""鸳鸯被"称呼双人被。据元人陶宗仪《南村辍耕录》记载，蜀主孟昶有一鸳鸯衾，为锦绣织成，形制巧妙，"被头作二穴，若云版样，盖以叩于项下。如盘领状，两侧余锦则拥覆于肩"。现在看来，宛如加宽版的龙凤纹绣衾。

小被子、大被子

被子当然是越大，盖起来越舒服。不过，古代并不是人人都能盖得起大被子。《八家后汉书辑注·桓任传》记载，桓任的继母为人刻薄，为其"作二幅箕踵被"。汉制一尺约23厘米，二尺二为一幅，二幅还不到一米。而且箕踵被前窄后宽，盖起来一定遮盖不严实，看来这继母还真不善良。

不过，也有人专门盖小被子。同样是东汉的羊续，在担任南阳太守的时候，"以清率，惟卧一幅布，败，糊纸补之"。这位有名的清官，所盖的被子还不如桓任的宽，而且破败不堪，要用纸来糊补。

当然，也有母亲为孩子做大被子。《列女后传》中记载，孟宗的母亲为儿子做被子，竟然宽达十二幅，即将近六米。邻居们都很奇怪，孟母解释道："大被子可以让贫穷的孩子们来和他一起睡，这样既帮了别人，也能让孩子结交更多比他优秀的人。"

古人睡觉防蚊虫大法

三国时,有个叫吴猛的大孝子,年幼时家穷,夏天他看到父母辛劳一天,夜里却被蚊子叮得辗转难眠,心中很是难过。为了能让家人睡个安稳觉,他想到一个办法:每到晚上,先赤身躺在父母的床上,让蚊子叮咬自己。希望蚊子吃饱喝足,就不会再去叮咬父母了。"恣蚊饱血"孝心可嘉,但毕竟是小孩子没有办法的办法。那么,除此之外,古人还有什么防蚊虫大法呢?

蚊帐隔离

物理隔离,自然是最简单的办法。春秋战国时期,人们就开始躲在蚊帐当中来逃避蚊子的侵扰了。最初蚊帐多称"蚊裯""蚊幌"等,用罗、纱、绮、缣等丝织品裁成,既能隔离蚊虫,又可以通风透气。

南朝梁元帝《金楼子》中就记载着,一次齐桓公躺在柏寝台的"翠纱之帱"中避蚊。忽然心血来潮,对管仲说:"国富民殷,没有什么可忧虑的了。但这些蚊子在帐外嗡嗡嘤嘤,似乎还没吃饱,我有点儿于心不忍。"于是,他打开蚊帐,放蚊子进入,让它们叮咬自己。

三国时的谢承在注解《后汉书》时也说,汉顺帝时的酷吏黄昌未做官时,家里贫穷,连蚊帱都没有,夏天蚊子多得无法忍受,只能为人做佣工,来换取蚊帱。

唐宋时,蚊帐已经普及,成了人们在炎夏时的必备防蚊利器。唐代诗人元稹有诗句"蚊幌雨来卷,烛蛾灯上稀",北宋张耒有诗句"备饥朝煮饭,驱蚊夜张帱"。

蚊香熏杀

很早以前,古人就发现蚊虫怕烟。《周礼》中记载着,有"翦氏"一职,专门负责驱除蠹虫,而驱虫的办法就是焚烧莽草,以烟熏杀之。后来,古人又发现焚烧艾蒿比莽草更好,烟雾同样能驱蚊虫,而且还更好闻,于是干艾蒿便成了古代的"蚊香"。南宋诗人陆游有诗,描绘用艾草驱蚊的场景:"泽国故多蚊,乘夜呼可怪。举扇不能却,燔艾取一快。"

《武林旧事》记载,在南宋临安城中,有专门制作蚊香的作坊。那时,人们也有用浮萍来做蚊香的。《格物粗谈》中记载了具体制法:"端午时,收贮浮萍,阴干,加雄黄,作纸缠香,烧之,能祛蚊虫。"

到了清代,工匠们对旧时的蚊香进行了改造,除了艾蒿粉、烟叶粉和硫黄粉,还在蚊香中掺入少量砒霜和松香粉。这样蚊香的杀虫效果会提升,烟气也更加芳香。不过,砒霜是有毒的,长期使用会导致人中毒。乾隆年间,有更夫患上水肿病,经名医叶天士诊断,就是长年受有毒的蚊香熏染而导致的。

"花露水"和香囊

艾草除了可以制成蚊香,还能用来做"花露水"。《荆楚岁时记》中写到,人们将艾草浸泡在雄黄酒中,用其擦拭身体,就能避免蚊虫叮咬。

此外,还可以将艾草和其他香草搭配着做成香囊,佩戴在身上,不但驱蚊而且非常美观。宋代医书《仁斋直指》中记载了一种香囊的做法:将香橙、乳香、丁香、枫香树脂、马兜铃根磨碎,装成小袋挂在身上。

其他驱蚊手段

古人在对大自然的长期观察中,发现很多花草散发的气味能够驱赶蚊虫,于是有了种植"驱蚊草"的习俗。常见的驱蚊草,有藿香、猪笼草、白兰花、凤仙花、天竺葵等。在院子里种植这些植物,能够有效防止蚊子的袭扰。

除了种驱蚊草,古人还有一种生态驱蚊方法——置"灭蚊缸",即在家中摆置大水缸,水缸中养蚊虫的克星——青蛙。因为蚊子喜阴凉,又需要在水中产卵,所以常聚向水缸处,而青蛙最爱吃蚊虫,蚊子一飞近就成了青蛙的美食。

古人还设计了一种巧妙的"灭蚊灯"。这种灯有锥形的灯身,灯身上开着喇叭形的小窗,灯被点燃后,因为冷热不均,气流会从小窗口流入,附近的蚊虫随着这股气流飞行,就会被带到灯盏内,被火焰烧死。这种灭蚊灯,在明代时就已经出现,也被称为"蚊子灯"。

古人原来这样化妆

爱美之心，人皆有之，古人也爱化妆。敷粉、涂胭脂、画眉、点鹅黄、抹口红……但见粉英深匀，腮红若霞，杏眼微嗔。

春晓梦醒时，弄妆梳洗迟。恰到好处的发型和妆容，将女子温婉的气质展现得淋漓尽致。

各式各样的铜镜

在远古时代,人们的生活中没有镜子,女孩子们只能去水边梳妆打扮,通过倒影欣赏自己的美貌。直到铜镜的出现,人们的生活才变得"清晰"起来。

铜镜走进千家万户

新石器时代,人们学会了制作铜镜,将铜的一面磨光发亮,一面铸刻花纹。从甘肃齐家文化遗址中发掘出的七角星纹镜,就是当时铜镜的代表,洋溢着古朴之美。战国时期,铜镜开始盛行。到了唐代,铜镜已经走进了千家万户,人们不仅在铜镜上雕刻精美的花纹,还设计出菱花镜、葵花镜等式样。尤其在贵族世家,那里的铜镜令人眼花缭乱,简直能办个铜镜展!

七角星纹镜　嫦娥玉兔菱花镜

凤纹镜　　双鸾葵花镜

"破镜重圆"和千秋镜

古人赋予铜镜许多美好的寓意。铜镜大部分为圆形,象征着美好、团圆、吉祥。在恋人之间,互赠铜镜是一种表达心意的方式,"破镜重圆"也用来比喻夫妻失散或决裂后重新团聚与和好。

唐开元十七年(729年),唐玄宗将自己的生日——农历八月初五定为千秋节。此后每年千秋节,唐玄宗都会将刻着"千秋"字样的铜镜赐给群臣,臣子们也会回赠铜镜,互祝健康。

"以人为镜"与至理名言

古代的一些政治家、思想家常常以镜隐喻社会中的大事，阐述人生哲理。唐代直言敢谏的忠臣魏征去世后，唐太宗痛心地说"以铜为镜，可以正衣冠；以古为镜，可以知兴替；以人为镜，可以明得失"，以此来表达自己的哀悼之情。

当然，除了铜镜之外，还有玉镜、铁镜，明末清初又出现了玻璃镜。可无论如何发展，铜镜在人们心中都是无可替代的。

千秋双鸾镜

古人用什么描眉

"懒起画蛾眉,弄妆梳洗迟。"女子懒洋洋地起床,打开妆匣,拿出眉笔描眉。那么,古代女子的眉笔长什么样子呢?

就地取材——柳枝、火柴

先秦时期,普通老百姓把柳枝削尖、燃尽,然后用黑炭来画眉,据说画出的眉毛黑中微显一点绿意,看起来妩媚动人。一直到民国时期,这种描眉方法还在民间广泛使用,也有人直接拿起燃烧过的火柴往眉上涂——虽说操作简单,但非常考验画眉技术。

天然眉粉——石黛、石黄

矿石也可以变成眉粉。智慧的古人将一种青黑色矿石石黛研磨成粉末,加水调和用于画眉。南北朝时期,周宣帝颁布了一条禁令:除了宫中女子,其他女子不可以使用铅粉和石黛。民间便流行起"黄眉墨妆",即在额角涂上黄粉,并用黄粉描眉。这种黄粉应该是用石黄一类的矿石或松树花粉为原料制成的。

进口货物——螺子黛

螺子黛产自波斯国，是用一种黑青色矿物质为原料制成的，蘸水即可上妆。波斯路远，当时交通不便，所以螺子黛弥足珍贵。《隋遗录》中记载："螺子黛出波斯国，每颗直十金。"隋炀帝宠爱妃子吴绛仙，尤爱她那一双蛾眉，便派人为她寻来螺子黛，即使在经济困难时期也没有"断货"。

人工制墨——油烟墨

唐宋时期，烟墨的制造技术便已经非常成熟了。人们燃烧松木制成松烟墨，或燃烧桐油、麻子油等制成油烟墨。这种人工墨不仅可以用于写字绘画，还可以用来描眉。宋代成书的《清异录》中有载："自昭、哀来，不用青黛扫拂，皆以善墨火煨染指，号薰墨变相。"

油烟墨的制作流程

古人的口红和腮红

唐代诗人元稹如此形容妆后的女子:"须臾日射燕脂颊,一朵红苏旋欲融。"意思是阳光照在女子的脸颊上,仿佛一朵红花苏醒绽放又马上要融化一样。那么,是什么样的化妆品让这位女子变得更美呢?

锦上添花胭脂红

古代女子常用胭脂来染红脸颊和嘴唇,以达到"一朵红苏旋欲融"的效果。胭脂,在古书中又写作燕脂、烟支等。相传,胭脂的主要原料之一是红蓝花,在汉代,这种植物主要生长在匈奴所控制的焉支山,胭脂因此得名。

汉武帝时期,张骞出使西域,打通了中原和西域的贸易之路,红蓝花很快传入中原。当时,人们将红蓝花捣碎,取汁水制成胭脂饼。魏晋时期,人们又将红蓝花汁浸入丝绵或蚕丝加工成薄片,称"绵胭脂"。这种胭脂更便携,使用时稍蘸唾沫就可以使之溶化,女子可以随时涂红唇了!

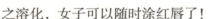

三千宫女胭脂面

胭脂在唐宋时期尤为盛行,白居易还曾写下"三千宫女胭脂面"的诗句。随着制作工艺日趋成熟,人们还发明了各种新式胭脂,如山花胭脂、山榴花胭脂、玫瑰胭脂、花露胭脂等。《红楼梦》第四十四回就对花露胭脂进行了详细的记载:

"宝玉笑道:'那市卖的胭脂都不干净,颜色也薄。这是上好的胭脂拧出汁子来,淘澄净了渣滓,配了花露蒸叠成的。只用细簪子挑一点儿抹在手心里,用一点水化开抹在唇上,手心里就够打颊腮了。'"

涂面点唇数朱砂

在胭脂出现前,女子大多用朱砂来作口红和腮红。朱砂是一种朱红色的矿物,主要成分为硫化汞,常被道士拿来炼丹,也可以作颜料、药材。殷商时期,人们把朱砂粉末涂在甲骨文的刻痕中以示醒目。清朝皇帝蘸朱墨——朱砂制成的墨——在奏章上写批语。

古人在朱砂粉中加入牛髓等动物脂膏,制成稠密的"润滑膏",用它来涂抹脸颊和嘴唇。这种化妆品的黏性很好,不容易被唾液或汗水溶化,还有一种独特的光泽感,很受古代女子欢迎。但是朱砂有毒,长期使用对健康有害。

唐代女子唇妆

精致的面饰

相传,南朝宋武帝的幼女寿阳公主与侍女在庭院里玩耍,玩累后,她便在章含殿下合目养神。忽从天空飘落下数片梅花瓣,散落在公主的额头,将她衬托得更加娇柔妩媚。从此,宫女们纷纷效仿,剪梅花贴于额头,并称这种妆容为"梅花妆"。因为梅花并非常年开放,所以古代女子就将各种材料剪成梅花形状,贴于眉间。又因为少女们尤爱梅花妆,所以人们便用"黄花闺女"来指代未出嫁的女子。

花钿和面靥

梅花形状的面饰,其实是一种花钿。花钿,就是古代女子施于眉间的装饰物,又称"花子""媚子"。女子可直接在眉间描画,也可以将云母片、蝉翼、金箔等材料剪成美丽的图案,贴在眉间。花钿除了梅花形状,还有圆圈、铜钱、鸟、鱼、虫等形状。花钿的颜色多种多样,

一般以红、黄、蓝、绿等色为主。隋唐时期，女子还流行贴面靥。面靥是一种施于两侧酒窝的妆饰，最初是一个红色小圆点，看上去像一颗鲜红的痣。后来，面靥的形状越来越多，有钱币状的"钱点"，杏桃状的"杏靥"，花朵状的"花靥"，等等。面靥的材质也多种多样，如胭脂、鱼骨、珍珠等。

各式各样的花钿

对镜贴花黄

"当窗理云鬓，对镜贴花黄。"花黄，是指用黄色的颜料将额头涂黄，或将黄色的薄片装饰物粘贴在额头上。隋唐时期，涂黄风俗十分盛行，唐代诗人卢照邻曾作诗云："片片行云着蝉鬓，纤纤初月上鸦黄。鸦黄粉白车中出，含娇含态情非一。"

古人发型知多少

古人受到儒家思想的影响,认为"身体发肤,受之父母",剪头发是对父母的大不敬,所以无论男女都蓄着长发。那么,古人是如何处理那一头长发的呢?

花样繁多的女子发型

先秦时期,女子大多梳椎髻,就是束在头顶的椎状发型。汉代后,女子的发型越来越多样,如将头发高高绾起,梳成高髻;将发髻垂在一边,称堕马髻。

隋唐时期,女子的发型更加多样,有双环望仙髻、球形髻、半翻髻、惊鸿髻、闹扫妆髻、朝云髻等。那时,女子都喜欢高高耸起的发髻,但有些女子的发量不多,怎么办呢?于是,人们发明了假发,当时称"义髻",据说,杨贵妃就很喜欢戴义髻呢!

没有出阁的女子一般梳环形发髻，又称"鬟"。鬟的式样多，有梳于顶上的，有垂于脑后的，有单鬟，有双鬟，等等。梳高鬟费时费力，婢女们大多选择梳垂于两耳的双鬟。这种发型看上去有点像树枝丫杈，所以又被称为"丫鬟"。后来，丫鬟成了婢女的指代词。

古代男子的发型

古代男子的发型相对简单。他们年满二十便要举行成人礼，名为"冠礼"，即将头发全部梳起来，束至头顶，然后带上头冠。家境贫寒的人会用巾帻代替头冠。

少数民族的男子发型比较特别。比如，建立辽国的契丹族有髡发的习俗，样式不一，常见的是剃掉头顶的大部分头发，只在前额和鬓角处留少许头发；建立元朝的蒙古族，男子一般留一种叫"婆焦"的发型，就是剃掉后脑的头发，将前额的头发剪短，余下的头发编成辫子，垂在肩头。

长辫子和"一字头"

清朝时，朝廷推行剃头令，要求男子将脑袋前半部分的头发剔掉，余下的头发编成一根长长的辫子。朝廷对女子的发型没有限制，汉族女子可梳各种美丽的发髻，满族女子则流行梳旗头，其中比较有特色的是"一字头"，即将头发在头顶梳成平髻，再用一种叫"扁方"的大簪子将发髻固定。这种发型又扁又宽，远远望去像"一"字。

令人大开眼界的古代首饰

唐代诗人葛鸦儿在《怀良人》中写道:"蓬鬓荆钗世所稀,布裙犹是嫁时衣。"这句诗描绘了一位贫穷的妇女,她买不起昂贵的首饰,只能用荆钗将乱糟糟的头发绾起来,身上则是出嫁时的布裙。那么,"荆钗"是什么?古人还喜欢用哪些首饰呢?

鬓乌云簪翠翘

从周朝起,女子年满十五岁便要用一种叫"笄"的首饰把头发束起来,称"及笄",表示成年。成年男子也会用衡笄来固定头冠。

从汉代开始，人们一般将笄称为"簪"。早期的簪是用兽骨、石头制成的。汉代时，制作簪子的材料繁多，如玉石、金银，人们还会用珠宝点缀簪子。唐代时，花、鸟、鱼、虫形状的簪首栩栩如生，令人爱不释手。明清时期，在贵族妇女中流行的"金凤簪"犹如一只振翅欲飞的凤凰，羽翎会随着身体颤动，别有一番趣味。

金凤簪

步摇珠翠修蛾敛

钗由两股簪子合成，和簪一样都是用来固定发髻的。富家女子的钗华贵精美，而贫家女子一般只能佩戴由荆条制成的"荆钗"。古代男子在外提起自己的妻子，经常谦虚地称之为"荆妇"，也是源于此。

"钗"还有浪漫的寓意呢！钗有两股，古时候恋人或夫妻离别时，女子会将钗一分为二，一半赠人，另一半自己保存。等到来日相聚，再将钗组合在一起。

古人还在簪子和钗子上加缀流苏、珠串，或金银制成的凤凰、花卉、蝴蝶等。这些装饰物会跟随女子的步伐而轻轻摆动，所以被称为"步摇"。白居易在《长恨歌》中写道："云鬓花颜金步摇，芙蓉帐暖度春宵。"杨贵妃鬓发如云，头上的金步摇轻轻晃动，这副妩媚娇俏的模样不仅吸引了唐玄宗，也令无数读者难以忘怀。

钗
步摇

璎珞垂垂萼绿华

在原始社会，人们将贝壳、兽牙、兽骨等串在一起，挂在脖子上，这大概是最早的项链了。最负盛名的项链大概是出自李静训墓的金项链。这条项链由28颗闪烁耀眼的金珠组成，还镶嵌着珍珠、红宝石和蓝宝石，光彩绚丽。李静训是北周太后杨丽华的外孙女，在杨丽华身边长大，不幸九岁夭折。这条璀璨夺目的项链寄托了一位外祖母的思念和哀悼之情。

璎珞

璎珞——一种以宝石、珍珠、玉石等串联起来的颈饰——也备受古人喜欢。古印度人最先发现了璎珞的美，他们用珠宝、玉石来装饰佛像。后来佛教传入中国，璎珞逐渐被国人所知。到了唐代，佩戴璎珞成为一种风尚。人们将琉璃、玛瑙等材料制成颈饰，戴在脖子上、垂在胸前，甚至用璎珞装饰车马，以彰显自己的富贵。《红楼梦》中，宝玉出场时就戴着"金螭璎珞圈"。

捻指环相思，见环重相忆

古人经常佩戴手镯、指环和顶针。戒指最初被称为"约指"，有约束、节制的寓意。后来，戒指成为男女的定情信物，聘礼中少不了戒指的身影。唐代小说《李章武传》中，就有这样的情节：李章武和恋人王氏离别之际，王氏送给李章武一个白玉戒指，并赠诗一首："捻指环相思，见环重相忆。愿君永持玩，循环无终极。"

古代的戒指多用金银、翡翠等材质制作而成，上面雕刻着花、鸟、鱼、虫纹饰，看起来十分精美，"打响指"的时候还可以炫耀一下呢！

鸣环佩玉生光辉

组玉佩

《诗经》有云："言念君子，温其如玉。"古代男子喜欢佩戴玉饰，是因为玉晶莹剔透、坚硬温润，具有"君子之德"的精神内涵。

在众多佩玉中，组玉佩大概是最特殊的一种。组玉佩又名杂佩，流行于汉代之前，《诗经》有："知子之来之，杂佩以赠之。知子之顺之，杂佩以问之。"组玉佩不是一件玉饰，而是将各种玉饰连缀在了一起，有半圆形的玉璜、形如兽牙的冲牙等。佩戴组玉佩，行走时玉器相撞而发出悦耳的声音。不过，组玉佩越长，其主人的行走的速度就越缓慢——这代表他们身份贵重，举止也需从容有度。

古代女子也佩戴玉饰禁步，不过这种玉饰是用来规范女子的仪态的。禁步被挂于裙边，若是女子有节制地迈步，玉器相互碰撞的声音清脆且具有节律；若是女子行走太快或步伐过大，禁步则会叮当乱响，被认为失礼。

97

古人原来这样居住

"安土重迁，黎民之性。"或许从躲在山洞里听雷声的那一刻起，中国人就在心中埋下了一个关于"家"的梦。

中国人根据不同的地形、天气，设计建造了各种特色的房屋，并且运用自己的智慧，将家变得更明亮、舒适。那么，中国古人住在什么样的房子里？房子里又有什么家具呢？让我们一起去看看吧！

原始人住在哪儿

《汉书·元帝纪》中曾言:"安土重迁,黎民之性。"意思是在一个地方住惯了,就很难离开。古人不愿轻易迁移,一座房子甚至承载了他们一生的记忆。那么,中国房屋是如何演变的?原始的房屋又是什么样子的呢?

大自然的馈赠

远古时期,原始人过着居无定所的生活。他们常常被猛兽的獠牙吓得瑟瑟发抖,被暴雨淋成落汤鸡。为了躲避危险,原始人藏进了山洞里,用火取暖、驱赶野兽。

生活在南方地区的原始人,干脆直接爬到树上,用树枝和树叶搭建简易的房屋。传说,第一个构木为巢的人叫"有巢氏",他从鸟巢中获得灵感,然后教人如何在树上搭建木棚。人类由此开启了巢居文明。

防潮的小楼

距今约 7000 年，在长江下游的沼泽地带，生活着智慧的河姆渡人。沼泽松软潮湿，并不适合盖房子，河姆渡人便建造了一种"干栏式"房屋——将木桩深深打入地下，以木桩为支撑，盖起"腾空"的小木屋。房屋建好后，上层住人，下层圈养牲畜。这样既防潮，又能充分利用空间。

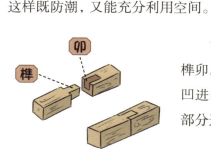

河姆渡人在盖房的过程中，使用了一种神奇的构件——榫卯。榫卯指木器中两部分接合的地方，凸出的部分叫"榫"，凹进的部分叫"卯"。卯眼与榫头凹凸咬合，将房屋各个部分连接在一起，使房屋变得结实牢固。

半地穴房屋

在新石器时代早期，平原地区的人一般会自地面向下挖出一个大坑，坑上加盖屋顶，作为住所。这种地穴黑暗潮湿，面积又小，所以后来人们将住所向上延伸，以坑壁作为墙壁，坑上搭建屋顶。这种房屋一部分在地下，一部分在地上，所以被称为"半地穴房屋"。

距今约 7000 年，生活在黄河流域的半坡人建造了很多间半地穴房屋。房顶多为圆锥形，屋前还有人字形的顶棚，可防止雨水倒灌。半坡人还在地面上修建了房屋，样式近似于现代北方民居。他们在房屋里修建隔墙，将内部空间分割开来，屋子里有卧室、厨房……人类的房屋越来越精致了。

我国的特色民居

中国地域辽阔,民族众多,民居样式也多。民居的一木一石,一砖一瓦,无不蕴藏着中国人的智慧。

北京四合院

四合院是北方传统民居之一。四合院由四座房屋组成,分别坐落于东、南、西、北四个方向,围成一座院式大住宅。四合院结构封闭,外墙厚实,既能保温防寒,又有防御性。

在封建社会,四合院的居住空间分配是非常严格的。正房一般由老爷、太太居住;正房前面两旁的房屋称"厢房",古时以东为尊,所以一般让哥哥住东厢房,弟弟住西厢房。

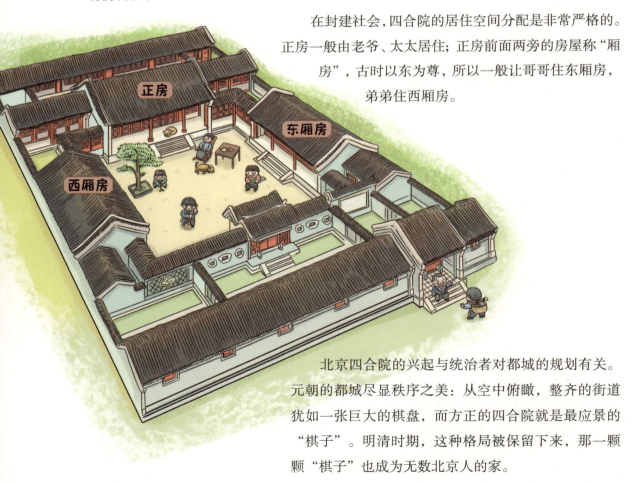

北京四合院的兴起与统治者对都城的规划有关。元朝的都城尽显秩序之美:从空中俯瞰,整齐的街道犹如一张巨大的棋盘,而方正的四合院就是最应景的"棋子"。明清时期,这种格局被保留下来,那一颗颗"棋子"也成为无数北京人的家。

傣族竹楼

在炎热潮湿的西双版纳,傣族人就地取材,用竹子和木头搭起一座座"竹楼"。傣族竹楼是一种干栏式房屋,底下由数十根木柱支撑,底层架空,上层住人,结实又防潮。二楼建有"晒台",天气炎热的时候,人们还能在台上乘凉、睡觉,舒适极了。

客家圆形土楼

晋朝前后,中原地区战乱频繁,很多汉族人迁到福建、广东和江西等地,这些人被称为"客家人"。当时盗贼猖獗,客家人便以土和木头为原材料,建起了堡垒一样的房屋——客家土楼。

南方地区气候多雨。人们用大块卵石筑牢地基,再在上面搭建土墙。厚实的土墙隔热隔寒,是天然的空调。墙顶设置三米左右大屋檐,能够将雨水引出墙外。

客家土楼的主体是圆形结构,房屋很难变形或坍塌。远远看上去,客家土楼建筑群从一个圆心出发,一圈圈向外展开,十分壮观。

冬暖夏凉的窑洞

新石器时代，人们在黄土断崖挖掘洞穴，建成最早的窑洞。黄土层很厚，窑洞又建在山壁的下半部分，所以窑洞直立性好，非常耐用。此外，窑洞的屋顶和墙壁都很厚，夏天不容易从外界吸热，冬天不容易从内部散热，冬暖夏凉。

在草原上"行走"的蒙古包

"天苍苍，野茫茫，风吹草低见牛羊。"古代蒙古族逐水而居，没有固定的住所，住在轻便保暖、随时拆卸的房子——蒙古包里。蒙古包由木杆和羊毛毡搭建而成，顶部用木棍搭成伞形，中间开一扇圆形的天窗。白天通风透光，晚上用方毡盖上，防风又防寒。

需要搬家时，人们将蒙古包折叠起来，用骆驼就可以运走。到目的地后，很快就能再"建"起一座房子。因此，轻便、组合简单的蒙古包非常受游牧民族的欢迎。

古代住房怎么排水

雨水如果不能迅速从院子里排出去，会淹坏地基；如果不能尽快从屋顶流走，则会导致屋漏。这真是个大问题，但这可难不倒古人！他们有很多妙招。

给房屋穿上"增高鞋"

下雨时，地面容易积水，古人便将房屋建在有一定坡度的地方，并为部分房屋设计了台基——用夯实的土台或砖石抬高地面。这样一来，房屋仿佛穿上了"增高鞋"，再也不用担心雨水淹到"脚踝"了！台基大概可分为三种：普通台基、须弥座台基、复合型台基。

普通台基　　须弥座台基　　复合型台基

坡屋顶和飞檐

为了方便排水，古代工匠们修建房屋时，会把屋顶修成斜坡。不过，急流而下的水落到地面上，有时会飞溅到屋子里。于是，古人将屋顶做成曲面，还为一些房屋修建了飞檐：尾部翘起、犹如飞鸟展翅的檐部。这样一来，雨水利用惯性冲出檐外，也不用担心屋顶变成游泳池了。

层层铺瓦

最开始,中国人在屋顶覆上茅草,但这种屋顶难以抵挡风雨的侵蚀。后来,有人用泥土制成瓦形,放入窑中烧制成结构紧密的陶瓦,将其铺在屋顶,使房屋更结实耐用。不过,陶瓦孔隙相对较大,若是遇到阴雨季节,很容易受潮。南北朝时期,人们在刚出窑的瓦上浇上一层薄而细密的彩色釉料,进行二次烧制,制成了琉璃瓦。琉璃瓦光滑、坚硬,是"防雨小能手"。

古代竟有下水道

城市建筑的砖瓦渗水性差,雨后容易产生积水。不过,早在先秦时期,古人就在城中安装陶制排水管道,挖排水暗沟,让雨水通过排水沟、排水管流入护城河。唐朝人还在排水管附近安装镂空闸门,这样既能够避免垃圾堵塞管道,还能减少水污染。

故宫的排水系统是古代宫殿的排水典范。这处宏伟的宫殿建筑群内修建了许多排水明沟,雨水可以顺着地面坡度流入明沟。如果明沟被截断,"钱眼"——地面上铜钱样式的孔洞——就来帮忙。这些孔洞略低于地面,是排水暗沟的入口,孔洞下有专门的沟筒。雨水通过各种明沟、暗渠汇入总干线,再流入内河。

"钱眼"

排水管

古人是如何采光的？

秦代时，人们用木条制成窗户的框架，称之为"牖"。考虑到窗洞容易透风，人们就在窗洞旁放上一块挡风木板，白天将木板拆下来。但这样做十分麻烦，光线也很难照进屋里。好在古人见招拆招，想出了一套套采光方案。

八达门窗更四通

木板既笨重，又不透光，有没有更轻薄的窗户纸呢？汉代时，纸已经被制造出来了，但是当时的纸比较粗糙，透光性也不太好，加之成本颇高，所以不会被用来糊窗户。大部分百姓选择用竹草编织成的窗户"纸"，而大户人家常用纱——一种很薄的丝织品来糊窗户，这种丝织品透光性好。

到了明清时期，人们才普遍使用构树皮制成的棉纸裱糊门窗。有些人将桑皮或绵茧制成的薄绵纸放到油里浸泡，提高纸张的透光度，再将纸张糊在窗户上，让屋子里变得亮堂堂的。

有些人还会将贝壳、云母片等物精心打磨，制成半透明的薄片——明瓦，将其镶嵌在窗间，以增加光照。不过，由于原材料比较珍贵，普通人家不会使用。

天井四四方

在宅院中，房子与房子、房子与围墙所围成的一个漏斗似的井口，就是"天井"。在我国云南地区，被俗称"一颗印"的传统民居，就以天井为中心，其他房屋的门窗都朝向天井。阳光洒在天井中，反射进屋内，给人们带来光明。而屋内灰尘飘散到天井，慢慢地飘到院外。

飞檐迥架空

古人将屋顶的檐部设计成略带上翘的样子，称"飞檐"。远远看上去，曲线型的屋面就像一双张开的鸟儿的翅膀，美观又大气。上翘的檐口不会把阳光"拒之门外"，光线洒落在屋里，亮亮的、暖暖的。

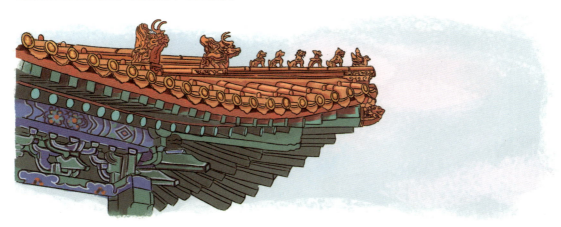

粉墙朱阁映垂杨

古人在修建房屋的时候，还会在墙面上"大做文章"。用石灰涂抹建筑室内的墙壁后，再涂上一层滑石粉；有人用白灰粉刷墙面，再用纸糊。这些材料的反光性强，光线射在上面，墙壁便"光莹如玉"，甚至"屋柱窗楹共为一色"。

大开眼界的坐具

先秦时期,"坐"指跪坐。膝盖着地,抬起臀部、挺直上身,则称"跽"。随着时代发展,人们的坐姿发生了变化,坐具也悄然改变。

从筵席到榻

长时间跪坐在冰冷的地面上,膝盖很容易着凉。因此,古人将垫子铺在地上,跪坐在垫子上。这种垫子可分为两层:铺在下层、较为粗糙的,称"筵";铺在上层、细腻柔软的,称"席"。举办宴会时,主人会贴心地给客人铺上这种垫子。慢慢地,"筵席"一词就成了酒席的代名词。

春秋战国时期,古人制作了一种略高于地面的坐具——榻。贵族命人在榻的周围摆上屏风,然后跪坐在榻上,低头望向席地而坐的其他人——地位一目了然。后来,古人又发明了卧榻,可以躺在上面休息。

贵妃榻类似于现在的躺椅，靠背弯曲，只有一边有扶手，人既可以坐着，又可以斜躺。这种躺椅与女性身体的线条十分贴合，深受女性喜爱，所以也被称为"美人靠"。

胡床与太师椅

汉朝时，一种叫"胡床"的坐具从北方传入中原。胡床虽被称为"床"，但其实是没有靠背的折叠凳，跟现代的马扎差不多，小巧玲珑，便于携带。隋朝忌讳"胡"字，人们便称胡床为"交床"。

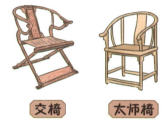

交椅　　太师椅

宋朝人为交床加上靠背，制成"交椅"。交椅家族中最出名的，大概是太师椅了。相传，宋朝有一个叫吴渊的官员，为了拍秦桧的马屁，为其特制了有荷叶托首的交椅。因与太师秦桧有关，人们便称这种椅子为"太师椅"。

明朝人制造了圈椅。圈椅的底座为方形，靠背和扶手连接成半圆形，坐在上面宽敞又舒服。而"太师椅"这一名称也换了个"主人"，落到了大圈椅上。到了清朝，太师椅上大都雕刻着狮子、蝙蝠等纹样，寓意加官晋爵。

古代家具之几、案、桌

秦汉时期，我国还没有出现"桌子"一词。那时有两种家具充当桌子的角色，一种叫"几"，一般放在身旁，用来倚靠；另一种叫"案"，既能放食物，也能放书籍文具。后来，古人渐渐习惯坐在椅子上，各式各样的桌子也随之出现。

舒适的凭几

先秦时期，人们席地而坐，但坐久了难免会感到劳累。因此，有人发明了用于凭倚的几，也就是"凭几"：在一根横木的两端安足。跪坐时，可以把膝盖放在几下，胳膊放在几上，坐久了也不会腰酸背痛。在唐朝画作《历代帝王图》中，我们依然能看到凭几的"身影"：陈宣帝坐在步辇中，把胳膊放在凭几上，神态十分悠闲。

汉朝时，古人发明了"升级版"凭几——弧形三足凭几。它的稳定性强，弧面环绕人体，可以随意倚靠，舒适度更高。在徐州的汉代画像石中，就有这样的场景：一个人在床榻上坐着，身体倚靠在一只三足凭几上，看上去非常享受。

举案齐眉

相比凭几,案更大,其功能也更多。有些案是古人的书桌,有些则是古人的餐桌。食案非常轻巧,古人会把饭菜放在食案上。古人还在案面四周设计了精巧的拦水线,以免汤水溢出弄脏衣服。

提起案,还有个动人的故事。东汉时,有一个叫梁鸿的人,每天回到家中时,妻子孟光都已经将饭菜准备好了。为了表示对丈夫的尊重,孟光总是高高地举起食案,让其与眉毛平齐,递给丈夫。梁鸿恭恭敬敬地接过,和妻子一起开开心心地吃饭。后来,人们便用"举案齐眉"来形容夫妻互敬互爱。

多种多样的桌子

唐宋时期,古人慢慢习惯垂足而坐,桌子也出现在人们的生活中。古代的桌子多种多样。如文人雅士用的书桌、画桌被称为"条桌"。这种桌子比较长,上面刻有雕饰;四边长度相等的桌子被称为"方桌"。"八仙桌"属于方桌的一种,桌子每边能坐两人,四边坐八人,适合放在厅堂中。

各式各样的桌子

古人原来这样出门

从前的时光很慢，车、马、邮件都慢。古人陆行乘车轿，水行乘舟船，缓慢地、细致地探索外面的世界。让我们穿越时空，跟随古人坐上各色交通工具，感受古代生活的独特魅力吧！

古人出行准备多

古时候道路险峻、交通不便,出趟远门真是不容易!人们要计算好出门的路程和时间,带上各种必需品,还要跟自己的亲朋好友告别……总之,所有的细节都不能忽略。

容我掐指一算

出行前,古人有时会通过占卜推测吉凶。《周易》中第五十六卦便是"旅卦",是专门用来占卜旅行吉凶的。其中提到:"旅,小亨。旅贞吉。"意思就是举行小祭祀,占卜旅行的结果是吉祥的。

古人在出门之前,也常会查阅黄历。明代闽商李晋德编过一本《客商一览醒迷》,其中就提到,农历三月三、九月九前后,"必有大风拔木扬沙,行船慎宜预避"。

不打无准备之"仗"

古时交通不便,想要旅途舒适,就得提前做准备。庄子曾分享过时人的出门方略:如果去近处,需准备好三餐;若是去百里之外,得连夜舂米;若是去千里之外,需提前三个月准备干粮。

除了食物,古人外出时还会带被褥、蜡烛、炊具等。北宋科学家沈括是一位资深驴友,他的"行李箱"很大,里面装着笔、墨、纸、砚、酒器、茶盏、斧子、锄头、虎子(夜壶)等,一应俱全。

告别，泣涕涟涟

古人出一趟远门，不知何时才能归来，相聚的时间便显得十分珍贵。出行之前，亲朋好友的送别仪式往往格外隆重。王维曾在《送元二使安西》中，写下"劝君更尽一杯酒"的诗句，描绘的就是送别前，朋友们举杯同饮的场景。

古人在送别之时常折柳相送，因为"柳"与"留"谐音，可以借柳条表达不舍之情——"柳条折尽花飞尽，借问行人归不归？"此外，柳条拥有顽强的生命力，送柳枝还可以寄托心愿：希望出行者平安顺遂，能快速适应新环境。

全程护送，一路平安

山高水远，难免会遇到突发状况。如果遇上小偷、劫匪，不仅会损失钱财，还可能危及性命。因此，古人出行，财不露白，腰间只留一点盘缠即可。

明代时，最早的保镖公司——镖局出现了。人们可以出钱雇佣镖师一路护送，既可以保护人，也可以保护财产，相当于为自己买了一份"保险"，旅途更安心。

古人坐什么车

在原始社会，人们依靠双脚走向远方。后来，人们看到风中旋转的蓬草，萌发了用圆木制作轮子的想法，又制作出了车。那么，古代的车长什么样呢？

牛车和马车

古人最初用马和牛来拉车。相传，夏朝奚仲和乘杜发明了马车，商族人王亥发明了牛车。相比牛车，马车的速度更快，坐上去也更威风。因此，古人常用牛车来拉货物；用马车来载人，尤其是贵族。为了享受风驰电掣之感，古人给一辆车配了两匹、三匹，甚至四匹马！这些马车的速度非常快，但很难驾驭。在周朝贵族教育体系的六种科目中，就有一种叫"御"，即驾车的技术。马车也常被用来作战车。汉武帝时，战乱频繁，大部分马儿都被"征召入伍"，人们不得不乘坐慢吞吞的牛车。

最早的"计程车"

汉代时，出现了一种能记录车辆行驶距离的车——记里鼓车。它最初是皇帝外出巡查时乘坐的典礼车，据说是张衡发明的。

记里鼓车的设计极为精巧，能利用齿轮转动计算出行距离。车辆里放置了几个特制的木头人，"执槌向鼓，行一里则打一槌"——车辆每走一里路，木头人就敲一次鼓。不过，皇帝乘坐计程马车，虽然"打表"，但并不需要付钱！

记里鼓车

用驴拉车

唐代时，因为马车的价格昂贵，所以平民更偏向坐驴车出行，租驴行业由此发展起来。《太平广记》中有这样的情节：有一天，住在长安城平康坊的马震听到阵阵敲门声，开门一看，原来是租驴的小贩。他说有一位夫人租了一匹驴，却没有给钱。他见那夫人骑着驴进了这座宅子，便上门催讨。

宋代时，坐驴车的现象更加普遍。北宋学者王得臣在《麈史》中写道："京师赁驴，途之人相逢无非驴也。"在租驴的时候，租客需要登记信息，并交纳押金，是不是和现代的共享单车有点像呢？

大鞍车和小鞍车

清朝嘉庆后，骡车越来越流行，《竹叶亭杂记》中说，"骡车日日穿胡同"。当时的骡车大致可分为两种：大鞍车和小鞍车。前者是一种带棚的骡车，内部非常宽敞，装饰讲究，但只有王公贵族才能乘坐；后者就是普通的骡车，人人都可以坐。当时停在胡同口、街角，等着乘客上车的"买卖车"（类似现代的出租车），几乎都是小鞍车。

骡车

古代的轿子长什么样？

传说，大禹治水时跋山涉水，"陆行乘车，水行乘船，泥行乘橇，山行乘檋"，其中的"檋"大概是早期的轿子，形似滑竿。

跪坐在轿子里

春秋战国时期的轿子多为肩舆，因以肩抬着行走而得名。肩舆由底座、栏杆、顶盖、抬杠等部分组成，轿杆绑在底座上，轿身上盖有帷幔。人们自前面的小门进入后，需跪坐在轿中。

肩舆

步辇

隋唐时期，轿子在贵族间流行，轿子的材质也越来越多样，如用藤条编制而成的藤舆、竹编的篮舆等。当时，腰舆特别受皇家贵族的喜爱。这是一种手抬的轻便型轿子，因高度及腰而得名。在唐代画家阎立本的《步辇图》中，唐太宗乘坐的步辇，应当就是腰舆。不过，乘坐腰舆时，人们也需跪坐在轿中。

各式各样的轿子

到了宋代，人们不再席地而坐，而喜欢垂足高坐，轿子也相应地发生了改变：轿厢增高，轿杆从底部挪到了中部。明清时期，轿子成为百姓的主要代步工具，形式就更加多样，比如，四周有帷幔，防寒性极佳的暖轿；没有顶棚和遮蔽，自然通风的显轿；内部空间较大，能让人在轿子里睡觉的眠轿；驮在骡背上，行走时更加平稳的骡轿；等等。

坐轿子也有等级制度

轿子可分为官轿和民轿。官轿指官员乘坐的轿子，官阶不同，官员乘坐的轿子就不一样，轿夫的人数也不同。比如，据《清史稿》记载，清朝三品以上的文官，其轿顶为银色，在京用四名轿夫，出京用八名轿夫；四品以下的文官，其轿顶为锡色，可用两名轿夫。

民轿就是普通百姓坐的轿子，多为黑色的小轿，由两名轿夫抬送。但并非所有民轿都很朴素。古时，人们结婚时，新娘会乘坐装饰华丽、轿身绣着各种吉祥图案的轿子——"花轿"。花轿一般由四到八名轿夫抬送，轿前有执事、开道锣、扇伞等，前呼后拥，十分热闹。

从独木舟到轮船

在原始社会,人们过河时将几只葫芦绑在身上,利用葫芦的浮力漂浮到对岸,或利用枯木、竹竿过河。

独木舟、筏和木板船

早在新石器时代,中国人就会用石斧将树干一面削平挖空,制成独木舟,再制作一把船桨,划船渡河。后来,人们学会将粗壮的树枝扎在一起,制成木筏。木筏制作简单,其浮力比独木舟更大。之后,人们又用粗竹竿、动物的皮制成竹筏、皮筏,水上交通工具越来越多,能到达的地方越来越远。

夏朝时,人们发明了一种用木料拼接而成的船:木板船。木板船由独木舟演化而来,最早的木板船就是在独木舟的两侧装上木板,作为船舷。慢慢地,木板船摆脱了"独木"的限制,装载量更大,行舟速度更快。到了商朝,船已经成为一种重要的交通工具。

船的作用大

从很早开始,船就在军事中发挥重要作用。春秋时期,晋国因连年灾荒,而向秦国借粮。秦王欣然答应,但秦、晋两国相距甚远,粮食要怎么运过去呢?后来,有大臣提出了一个办法:水上运输。于是秦国人沿着水路,为晋国送去了数千吨粮食,解决了晋国的困难,史称"泛舟之役"。

据记载,秦始皇在南方打仗时,曾经组建过一支船队,能运输五十万石粮食;三国时期,吴国的建立者孙权曾经造过一艘大船,能够载三千名士兵。吴国的船队还曾经开到夷州(今台湾地区)了呢!

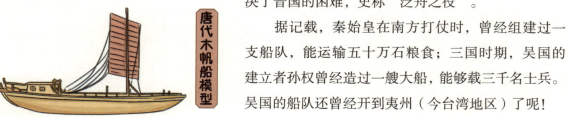

唐代木帆船模型

各式各样的船

隋唐时期,船的类型更加多样,不仅有木船,还有竹船、皮船等,大部分船上都挂了由蒲草和布帛织成的帆,用风力驱动船只,航行速度更快。唐朝名臣李皋发明了一种用人力驱动的船,后世称"车船"。这种船的两侧各有一个大水轮,脚踩水轮,水轮转动划水,驱动船只前进。据说这种轮船行驶的时候"翔风鼓浪",速度非常快。

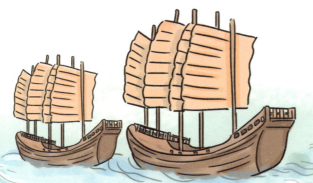

日益发达的造船业

宋朝重视海上贸易,造船业便随之发展起来。公元1078年,为了出使高丽,宋神宗命人建造了两艘长约110米的大船,"巍然如山,浮动波上"。

明朝造船业更发达,造船厂规模庞大、技术高超,加工绳索、铁钉等零部件的手工业工厂一应俱全。明朝科学家宋应星记载:"四海之内,南资舟而北资车。"航海家郑和还曾乘着大帆船,经历了七次远航,到达南亚、非洲东岸等地呢!

路,通向何方

远古时期,人们外出寻找食物,如果遇上比较浅的河流,会把大石头放在河里,"聚石水中以为步渡",踩着石头过河。这些石头称"石杠",是最早的桥。后来,古人在陆上开道,在水上架桥,走得越来越远。

周道如砥,浮桥渡河

周朝时,为了加强对诸侯国的控制,周王室修建了许多道路,其中最有名的便是"周道"——各国通往西周国都洛邑的主要交通干道。古籍记载:"周道如砥,其直如矢。"意思是周道像磨石一样平坦,像箭矢一样笔直。有了周道,各个诸侯国的贡品都可以顺利运到周王室了。

当时,人们还会修建"舟桥"。据说,周文王迎亲时,曾经"造舟为梁"——将小船整齐地排成一行,用绳索绑好,上面铺上木板,制成浮桥。迎亲队伍顺利地从浮桥上通过,场面十分壮观。

开挖运河,修建栈道

春秋时期,各国纷争不断,吴王夫差为了更大程度地利用水军的优势,在今江苏扬州市西北处修建了一座城池,名为"邗城",并在城下挖掘了一条能沟通长江和淮河的水道,名为"邗沟"。邗沟是中国历史上最早记载的人工运河。

战国时期,秦惠文王想要攻打蜀国,但蜀地山势险峻,易守难攻。于是,他骗蜀王,说自己有一尊能排出金子的石牛,想要送给蜀王。贪心的蜀王为了迎接这尊石牛,耗费大量人力、物力,派人用凿子和锤子在悬崖峭壁上凿洞,插入木梁,铺上木板,在崇山峻岭间修建了一条通向秦国的栈道。后来,秦国通过这条道路攻入蜀国,后人将其称为"金牛道"。

丝绸之路，连接东西

西汉时期，匈奴人经常侵扰中原地区。公元前138年，为了联合西域各部族对抗匈奴，张骞奉汉武帝的命令出使西域。不幸的是，他在半路被匈奴抓走，在匈奴被扣留了十几年，后来才辗转回到中原。

公元前119年，张骞带着牛羊、金帛等货物再次出使西域。中原的丝绸、瓷器等受到了西域各部族的欢迎，张骞也将西域香料等特产带回了中原。渐渐地，西域各部族与中国交往越来越密切，后来，人们将这条重要的商路称为"丝绸之路"。

开挖运河，贯通南北

隋朝时，隋文帝统一南北后，派人从国都大兴城（今陕西省西安市）到潼关，开凿了一条三百余里的运河，名为"广通渠"。广通渠修好后，"转运通利，关内赖之"。

隋炀帝即位后迁都洛阳，以洛阳为中心，向南修建通济渠，疏通邗沟；向北开凿永济渠，后又开凿了江南运河。就这样，一条南北连接长江、黄河、淮河、钱塘江、海河五大水系的大运河被修建出来了，极大地促进了南北经济沟通。

海上丝路，贸易繁荣

早在秦汉时，海上的贸易之路——海上"丝绸之路"就已经形成。到了宋代，海外贸易得到了统治者的高度重视，朝廷不仅在广州、泉州、杭州等地设立了市舶司（管理出入境贸易的官署），还发布各种优惠政策招徕外国商人，甚至派使团前往南海诸国。此后，海上丝绸之路越来越繁荣。

古人乘船从广州等港口城市出发，向北可至朝鲜半岛、日本列岛，向南经南海诸国，越过印度洋，最远可至欧洲、东非。通过这条海上贸易之路，中国的丝绸、瓷器、茶叶等被运送到了世界各地，而海外的香料、药材、宝石等被运到了中国，中西方交流愈加密切。

古人出远门时住在哪里

古时交通不便，有时人们出门一趟，可能要花费数月时间。那么，古人外出时住在哪里呢？

古代的服务站

周代时，朝廷在国道上设立了大大小小的"服务站"：每隔十里有能提供饮食的"庐"，每隔三十里有可供住宿的"路室"，每隔五十里有"候馆"——如果说路室是小宾馆，那候馆就是大酒店。候馆中不仅贮藏了大量粮食、草料等物资，还建有可供瞭望的小楼。

请出示"身份证"

现代人住旅馆时需要出示身份证，古人也不例外。战国时，商鞅在秦国实行变法，要求人人都要在户籍上登记，并规定投宿旅店时必须出示户籍凭证。传说，商鞅失势后，逃到了一个偏远地区的旅店，没想到店主要求他出示户籍凭证，否则不能入住。商鞅不由哀叹："自己定的法规，最后反而害了自己！"

旅舍竟是派出所

秦汉时期，官办的旅舍被称为"亭"，当时每隔十里就有一亭，并有亭长一人。亭不仅能为旅客提供住宿、饮食等服务，还充当类似派出所的角色——亭长负责抓捕盗贼，管理民间诸事，维护当地治安。汉高祖刘邦就曾当过

亭长呢。

在繁华的城市，旅舍就更多了。比如，在西汉的都城长安，不仅有招待普通百姓的"谒舍"，还有专门接待外国使者和商人的旅店——"蛮夷邸"，以及各郡设在都城的办事处——"郡邸"。无论什么身份，来到长安都有落脚的地方。

红火的私人旅馆

除了官办旅舍，民间还有很多私人开办的旅馆，称逆旅、客舍、村店、脚店等。唐代时，经济繁荣，越来越多的人出门做生意，私人旅馆也越来越多。规模大的旅馆设施完善，不仅能提供饮食住宿，还有租驴、售驴服务。根据《太平广记》记载，岐州有个叫王祐的富豪，他开的私人旅馆能为上千人提供食宿呢！

会馆里的人情味

明清时期，人们除了旅舍，有时还会住在会馆中。会馆是一种由同乡或同业的人在大都市设立的机构，"同道中人"可以进去吃饭、住宿。在会馆中，人们不仅能好好休息，还能和同乡联络感情，以解乡愁，或者和生意伙伴交流行业资讯，甚至可以利用吃饭的时间敲定一桩生意呢！

古人出门如何不迷路

古人如何辨别方向,以免自己"南辕北辙"呢?

列树以表道

早在周代,人们就在大路的两边种上杨树、柳树、榆树等树木。沿着大树往前,就不会偏离主道。秦始皇统一六国后,下令以都城咸阳为中心,修建供帝王行驶车马的道路,每隔三丈就在路边种一棵松树——"道广五十步,三丈而树,厚筑其外,隐以金椎,树以青松"。

土堆来指路

苏轼的《荔枝叹》中有这样一句:"十里一置飞尘灰,五里一堠兵火催。"意思是在运送荔枝的道路上,每隔十里就有一座驿站,每隔五里有一座堠。堠是古人用来标记里程的土堆,堠与堠之间的距离一般是固定的。古人可以根据所经过的堠的数量,来估算自己的路程。

柳宗元在《诏追赴都回寄零陵亲故》中写道:"岸傍古堠应无数,次第行看别路遥。"诗人乘船离开零陵,前往京城,眼前闪过一座又一座堠,可见小船速度之快,路程之远。

找人问路

古人若是迷路了,也可以找人帮忙。秦汉时期,每隔十里就有亭,由亭长来管理。亭长不仅可以为过往行人指路,还能帮忙安排食宿呢!隋唐时期,朝廷一般每隔 30 里就设置一所驿站,供送公文的人或官员中途换马、暂住。据《唐六典》记载,盛唐时,驿站多达一千六百余所!古人外出时,也可以向驿站的工作人员求助。

用仪器辨别方向

早在先秦时期,人们就发现了磁石的指向性,并将磁石雕琢成勺子形状,放在一个刻着方位的盘里。"勺子"可以在光滑的盘上旋转,待其静止时,勺柄指南。这种仪器被称为"司南",它是现今所用指南针的始祖。

司南　　　指南鱼

宋代时,人们发现原来不显磁性的物体,通过某些方法可以获得磁性。于是,人们将薄铁片裁剪成鱼形,利用人工磁化的方法制成"指南鱼"。将指南鱼放在水中,就能指示方向。

古代"护照"演化史

在《西游记》中,唐僧随身携带着一本通关文牒。每到一个国家,还要请国王在上面盖章。通关文牒是不是很像现代的护照?那么,古代的"护照"长什么样子?唐朝人真的会使用通关文牒吗?

最早的通行证——节

战国时,群雄割据,征战不已,各国都在重要的渡口和关口设置了关卡。百姓通关时,需要亮出通行凭证——节。节由竹、木、铜等制成,节上记载了持节人的身份信息、颁发的官员、有效时间、目的地等信息。节的用途多种多样,如符节可用于出入境,玺节可用于运输货物,旌节可用于道路通行等。出土于寿县的鄂君启节,上面就详细地记载了运输路线、舟车的数量、交易的货物等信息。若是信息与记载的对不上,便不能通关。

汉代的传

战国时期，有些人出行时也会带上"传"——节的补充说明，如记录所带的物资信息等。到了汉代，传已经变成了通行凭证。传大多由木片制成，刻着各种信息。根据使用者的身份，传可以分为私传和公传。

私传由普通百姓使用，需要个人向官府申请；公传一般是官员使用。到外地做官，或授命外出抓捕逃犯的官员，都必须携带这一证件。公传上刻有事由、缓急程度等信息，盖着主管部门的印章。官员可凭借公传要求朝廷官方配车——马车，马车的规格和传上印章的数量有关。

出门还要找人担保？

东汉时出现了新的通行证：过所，过所和节、传类似。到了唐朝，过所制度更加完善。在出发之前，百姓要将出行理由、出行路线、往返时间、随行眷属等信息上报官府，一旦备案，就不可以随意更改。唐朝的过所是纸质的，一式两份。一份发放给申请人，一份登记留档。此外，出行人还需要找一个保人，以证明自己是当地百姓。如果出行人的信息有误，保人也需要承担责任。

因此，唐僧如果想要出国，需要携带过所，而非通关文牒。不过，历史上的唐僧没有得到出境的允许，最后铤而走险，偷偷出境。在当时，偷渡者是要被判入狱两年的！幸运的是，唐僧取经归来后，唐太宗赦免了他。

从公验到护照

宋代时，通行证的名称变成了"公验"。公验不仅可以用作通关的凭证，还能作为学生的"入学证明"，以及商人的"贸易许可证"。

明清时期，人们若想离开家乡，需要到官府办理路引。清政府甚至规定，没有路引的平民要受鞭刑。清朝晚期，中国国门被迫打开，外国人拿着清政府发的通行证——护照——来内地游历、经商。后来，"护照"这个称呼便保留了下来。

133

古人原来这样娱乐

在不同的季节，古人都能发现自然之美：上巳日去河中沐浴，观莲节去采摘莲子、欣赏莲花，重阳节登高望远，下雪天"弄冰"取乐……

古人也善于发现生活之乐：下围棋、弹琴、写书法、画画，感受艺术之美；玩投壶游戏、行酒令，感受宴饮之乐。夜幕降临后，还可以去夜市，品尝特色小吃，观看杂剧、傀儡戏、诸宫调等表演，真是有趣极了！

古代的"四艺"

四艺,是指中国古人所推崇的四种艺术:弹琴、围棋、书法、绘画。

高山流水之音——琴

琴是"四艺"之首,被称为"国乐之父"。关于琴的起源,有很多传说。比如,伏羲看到凤凰落在梧桐树上,就用梧桐木为原料,制作了一把凤凰形状的琴;帝舜制造了一把五弦琴,弹唱《南风》。这些传说虽不可考,但足见琴的历史之悠久。

最早的琴只有五根弦,分别对应宫、商、角、徵、羽五种音调。后来,周文王、武王为琴增加了两根弦,名为少宫、少商。诗人嵇康曾作诗曰:"但当体七弦,寄心在知己。""七弦"指的就是七弦琴。

古人认为,弹琴不仅要讲究技法,更要领会曲子的意境。传说,春秋时期有个名叫伯牙的琴师,他在弹琴时心中所想到的意象,他的朋友钟子期都能从曲子中领略到。钟子期去世后,俞伯牙悲痛欲绝,破琴绝弦,终身不再弹琴。

你来我往之乐——围棋

相传,为了陶冶儿子丹朱的性情,尧发明了围棋——"弈"。围棋深受古人喜爱,连皇帝也是围棋的爱好者。唐朝时,朝廷专门设置了"棋待诏"这一官职。各地棋手经过严格选拔后,来到宫里"上班",专门陪同帝王下棋,为皇帝解闷。棋待诏中不乏国手,传说,唐宣宗年间,棋待诏顾师言以三十三着击败了擅长围棋的日本国王子。

挥毫泼墨之豪——书法

殷商时期刻在龟甲和兽骨上的甲骨文，西周时期刻在青铜器上的金文，春秋战国时期刻在石头上的石鼓文，都展现了中国的文字之美。

秦朝时，朝廷大力推行小篆，而程邈发明了隶书，汉字的字体越来越多。汉朝时，蔡伦改进了造纸术，人们开始用毛笔在纸上写字，书法艺术越来越繁荣。隶书舒展秀丽，楷书端庄方正，行书洒脱飘逸，草书简洁大气……每种字体都有自己的特色。

学习书法，不仅要悟性，更要勤奋，这是"书圣"王羲之的学习秘诀。传说，王羲之常在池边练字，用池水刷洗砚台。久而久之，池水竟都变黑了。这个池子被后人称为"墨池"。

水墨丹青之美——绘画

古人用毛笔蘸上墨水和颜料，在宣纸、绢帛上作画。颜料都来自大自然——大部分用植物、矿石制成，颜色以丹（红色）和青色为主，所以中国画又被称为"丹青"。

中国画有工笔、写意等画法。工笔画非常重视细节之处的描绘，如东晋画家顾恺之的《洛神赋图》，画中人物细致生动，十分传神。写意画不求形似，注重描绘神态，如明朝画家徐渭的《墨葡萄图》，寥寥几笔，晶莹欲滴的葡萄跃然纸上。

很多皇帝都重视绘画艺术。宋朝设立了皇家画院——翰林图画院，通过考试招揽有才能的画师，并按照绘画水平分别授予祇候、待诏、艺学、学正等职衔。北宋灭亡后，宋高宗赵构在南方建立绍兴画院，规模不减当年。

游山玩水赏花

明朝的地理学家徐霞客几乎走遍了中国,写下了60多万字的《徐霞客游记》。像他一样热爱自然的古人有很多,他们游山玩水,乐趣可真不少!

春日踏青

《尚书·大传》有载:"春,出也,万物之出也。"春天是万物复苏的季节,古人为感受春意,去郊外踏青,进行各种有趣的游戏。

孟浩然在《大堤行寄万七》如此描绘春游场景:"大堤行乐处,车马相驰突。岁岁春草生,踏青二三月。王孙挟珠弹,游女矜罗袜。携手今莫同,江花为谁发。"

夏日观莲

夏日炎炎,酷暑难耐,却是观莲好时节,我国某些地区还设有观莲节。每逢农历六月二十四,人们倾城而出,泛舟观莲。姑娘们一边唱采莲曲,一边采摘莲子,场面热闹而欢乐。有些地方还有将纸灯放进莲池中,祈愿祝祷的习俗。观莲时，自然要品尝用荷花、莲藕等制成的小吃，唐朝有"绿荷包饭"，宋朝有"玉井饭"。如果生在元朝，则可以喝一碗热腾腾的莲子粥。

秋日出游

苏轼有诗云："一年好景君须记，最是橙黄橘绿时。"秋日天高气爽，适合登高望远。《燕京岁时记》曾记载，在重阳节时，人们带着美食酒器，登高游乐，赋诗饮酒，烤肉分糕，场面热闹极了。

"秋丛绕舍似陶家，遍绕篱边日渐斜。"秋日菊花盛开，古人赏菊、簪菊、种菊，甚至食菊。古人结伴入林，采摘菊花，煮一壶酒，顺便品尝一下新上市的螃蟹："左手持蟹螯，举觞瞩云汉"，实在惬意！

冬日赏雪

冬寒凛冽，观雪赏梅，别有一番乐趣。宋朝词人黄庭坚曾到张宽夫园中赏梅，写下词句："小院一枝梅。冲破晓寒开。晚到芳园游戏，满袖带香回。"明朝文学家张岱曾独自前往湖心亭，观看"天与云、与山、与水，上下一白"的雪景。

孩子们常"弄冰"取乐——把冰块用彩线串起来，轻轻击打，听它发出清脆悦耳的声音。不过有时会发生意外——"敲成玉磬穿林响，忽作玻璃碎地声"，冰块突然裂开，落在地上，发出如玻璃碎裂的声音。

古人也开"派对"

古人的宴饮之乐,从李白的诗中可窥见一二:"烹羊宰牛且为乐,会须一饮三百杯。"古人聚会时还会干什么呢?

曲水流觞

曲水流觞是古人在上巳节玩的一种游戏。坐在环曲的水渠旁,将酒杯放置在上游,使其顺流而下。酒杯停在谁的面前,谁就取杯饮酒。古人认为这样可以免除灾祸。

东晋文学家王羲之曾与朋友们在兰亭相聚,"又有清流激湍,映带左右,引以为流觞曲水"。后来,曲水流觞变成了文人雅士聚会时的特色节目。

裙幄宴

唐代时,在每年的上巳节前后,贵族小姐们就去风景秀美的曲江园林春游。她们身穿美丽的春装,头戴花卉,比赛谁戴的花更奇特、珍稀。这些花卉极其昂贵,白居易有诗云:"一丛深色花,十户中人赋。"买一丛深色的牡丹花的钱,竟相当于十户中等人家一年的赋税!

贵族小姐们游园后,常会找一处干净的草地,四周插上竹竿,把颜色鲜艳的裙子连起来,搭起临时的帐篷,然后摆酒席,举行"裙幄宴"。姑娘们一边品尝精致的糕点,行令品春(时人称品尝美酒为"品春"),一边围绕"春"字猜谜、讲故事,或者说女孩子的悄悄话,一直到太阳落山才回家。

大吃一顿

参加宴会,当然要痛痛快快地吃一顿了!古人对吃很有讲究,韦巨源升任尚书令时,邀请唐中宗来参加烧尾宴——传说鲤鱼跃龙门时,天火会烧掉它的尾巴,"烧尾"寓意荣升高官。这场宴会场面隆重,食物丰盛,韦巨源还将菜肴全都记了下来,写成《烧尾食单》。在这份菜谱上,共有五十八种新奇的菜肴,如单笼金乳酥、通花软牛肠、水晶龙凤饼等,美味佳肴不一而足。

此外,吃也要有情趣。《小雅·鹿鸣》中有:"我有嘉宾,鼓瑟吹笙。吹笙鼓簧,承筐是将。"可见,在先秦时代,宴会中就有歌舞助兴了。古人还喜欢带着美食去风景秀丽的郊外,一边欣赏自然之美,一边享受宴饮之乐。

古人的夜生活

古人也并非都是"日出而作,日落而息",他们也有"夜生活"。

节日的狂欢

唐朝有严格的夜禁制度,一到二更,城里就会响起钟鼓声。城门按时紧闭,各坊之间被围栏围起,人们要乖乖地待在家里,偷偷外出会被惩罚。但每逢元宵节、中秋节等重要节日,朝廷会暂时取消夜禁制度,让百姓举行节日庆典活动。

每年元宵节前后一天,朝廷允许百姓在夜间出行,以便观灯赏月,称"放夜"。百姓结伴出游,观灯、猜灯谜,热闹非凡。《雍洛灵异小录》曾记载,赏灯现场人山人海,有的人被挤得悬空而起,没有迈步,竟往前移动了十几步。

"不夜城"的快乐

唐朝中后期,夜禁制度逐渐松动。宋朝时,夜禁制度取消,百姓终于拥有了夜生活。北宋都城汴京有几个规模庞大的夜市,其中最有名的马行街夜市,它在三更闭市,但到了五更就又开张。雨天或雪天,马行街夜市依旧热闹,灯火通明,人声鼎沸。

百姓们可以到酒楼、茶坊谈天说地,去瓦舍里观看杂剧、傀儡戏、诸宫调等表演,听说书人讲历史故事、小说……即使在皇宫周围,也有各种酒楼商铺。宋仁宗时,夜市的喧闹声和乐声甚至传到了皇宫中呢!

茶坊中听故事

明清时期,曾流行于宋朝的瓦舍逐渐衰落,茶坊越来越受欢迎。据《杭州府志》记载,明嘉靖二十一年(1542年),有一位姓李的商人在杭州开了一家茶坊,客人云集,获利颇丰,其他人纷纷效仿,数月间开了五十多家茶坊。茶坊中大多都有书场,说书人常在晚上表演,有些茶坊的听众"不下数百人"。

古人原来这样养宠物

陆游爱养猫，李白爱养鸟，宋徽宗喜欢孔雀，明宣宗痴迷蟋蟀，乾隆皇帝则专好听蝈蝈叫……古人也爱养宠物，而且还养出很多学问来。

古人称赞狗儿的忠诚温驯，欣赏鸟儿的优雅高洁，羡慕猫咪的慵懒自由，憧憬像鱼儿一样无拘无束。这些宠物，既是他们生活中的陪伴，更是他们精神与心灵上的寄托。

古代猫咪"铲屎官"

《山海经》中记载,霍山附近,有一种叫"朏朏"的小动物,长得像狸猫,有白色的尾巴,脖子上还有鬣毛。饲养它,可以解忧。很多人认为,能解忧的朏朏,就是最早的宠物猫。此说法虽无法证实,但我国养猫的历史的确可以追溯到先秦时期。那么,古人又是如何充当猫咪"铲屎官"的呢?

养只"狸奴"来捕鼠

今人养猫,自称猫奴。但在古代,猫都被人们戏称为"狸奴",因为捕捉老鼠,才是养它的最大目的。《韩非子》中就说,人们养鸡来司夜,养猫来捕鼠,看重的就是它们的能力。《礼记》中也提到,猫因为能捕鼠而被尊重,天子腊祭时还有迎猫的环节。

孔子家中,也养了一只捕鼠猫。《孔丛子》中记载,有一次孔子坐在屋里弹琴,曾参在门外听到琴音,惊讶地说:"哎呀,老师的琴声里有杀伐之气!"子贡很好奇:夫子宽厚仁爱,怎么会想着杀伐呢?于是,走进屋里,将曾参的话告诉了孔子。孔子听了,笑着说:"曾参说得没错,刚才我弹琴时,碰巧看到家中狸猫伏在房梁上要扑向老鼠,所以琴声中才带着杀气。"

"打工狸"变成"主子猫"

一直到唐朝,猫的角色都没有改变,它们是养来捕鼠的,是不折不扣的"打工狸"。人们将猫的形象,绘画在盛食物的漆盘之上;将它们养在仓库里,让它们看守粮食;将它们养在书房中,让它们看守书籍。

狸猫纹漆食盘

值得一提的是,玄奘法师满载佛经从天竺归来时,大概也是带着猫的。所以,清朝人所著的《猫乘》中说,中国原本没有猫,猫产自西方天竺国,唐三藏法师到西方求取佛经时,害怕老鼠咬坏佛经,这才将猫一同带了回来。这种说法当然不准确,但东西方的交流,的确带来了更多品种的猫。

唐朝以后,新品种的观赏猫大量出现。《表异录》中记载,后唐的琼花公主养了两只猫,一只白色,嘴边有花纹,取名为"衔蝉奴";另一只黑色,长着白尾巴,取名"昆仑妲己"。养猫解忧成为越来越多人的追求。猫的地位也发生了颠覆性变化,昔日的"打工狸",开始进化成"主子猫"。

 人人爱撸猫

民间传说,北宋时包青天为了收服五鼠,上天请来神猫相助。结果除害以后,却没有将猫送回天上,因此猫非常气愤,连睡觉时都在抱怨咒骂。传说源头不可考证,但宋朝人对猫的喜爱和尊敬,那是不容置疑的。甚至可以说,宋朝就是个撸猫时代。

诗人黄庭坚想养猫,听闻朋友家的猫生了小猫,赶紧买鱼前去迎接:"闻道狸奴将数子,买鱼穿柳聘衔蝉。"出生在金国的刘仲尹也爱猫,

一到天寒便躲在家里撸猫,还写了首《不出》诗:"天气稍寒吾不出,氍毹分坐与狸奴。"南宋的陆游对此表示十分赞同,风雨天就该居家撸猫:"溪柴火软蛮毡暖,我与狸奴不出门。"

当然,撸猫不是诗人的专利。《老学庵笔记》记载,秦桧的孙女是猫奴,她有一只狮猫,一次爱猫丢失,她就发动整个城的人帮忙寻找。那时,民间老百姓也爱撸猫,《东京梦华录》中说,开封城里有专门贩卖猫食的杂货铺,里面可以买到猫粮和小鱼干。南宋的临安城,还有专门为猫染色、美容的行当。

马虎不得的聘猫礼

爱则生敬,宋朝人对猫,那是相当敬重的。这从迎猫的礼仪中就能看出——在宋朝领养猫一定要说"迎"或"聘",而且是带着礼物,恭恭敬敬地迎取。陆游迎取小猫时,就准备了一袋盐,作为"聘礼"送给了猫的主人。

聘猫之前,要挑选日子。聘猫人需要参照《玉匣记》《居家必备》等易学书籍,挑选黄道吉日,请人写上一份"纳猫契",然后才能带着给主人和猫妈妈的礼物,前去迎取。

纳猫契也是很讲究的,上面要详细记载纳猫的日期、纳猫人的需求。为了祈求猫儿健康

成长与主人不离不弃，纳猫契上一般还会写上一些祈福的话，并请神仙做见证。

纳猫之后，要将小猫放在木桶或木斗里，再向主人要一副筷子同时放进去。小猫到家后，先带着它去拜灶神，混个脸熟。然后，将带回来的筷子插在地上，作为以后小猫的专属"厕所"。这样小猫才算是入了新家。

养猫有秘诀

古人将养猫发展成了一门学问，怎么辨别，如何养护，都有专门的论述。如《相猫经》中说："猫之毛色，以纯黄为上，纯白次之，纯黑又次之。"还说，猫的捕鼠能力，与上颚的坎数相关，坎数越多的猫咪，捕鼠能力越强。

《酉阳杂俎》中则介绍了如何看猫生不生跳蚤：将猫放在黑暗中，逆着撸猫毛，能撸出火星的最好，这样的猫不生跳蚤。《猫苑》中说，公猫一定要做绝育手术，这样才能变得性情温顺，肥胖可爱。《埤雅》中告诫铲屎官，不能让猫儿吃薄荷，吃了它们就会醉倒过去。

当然，真正的铲屎官养猫靠的是缘分，并不会因为猫的毛色和能力挑剔它们。清朝时，有位叫姚柬之的知县，上任途中得到了一只白猫。有人说："这是孝猫，养着不吉利。"姚柬之不以为然，带着猫儿继续赴任。结果不但没有不祥，反而很快升迁，又带着猫儿一起去做知府了。

古人如何养狗狗

狗是人类最早驯化的动物，早在新时期时代，人们就开始养狗，来看家护院、配合狩猎了。到商周时期，狗更成为贵族们的标配，无论是外出田猎，还是行军作战，都要有狗相随。在商代女战神妇好的墓中，就发现了六只陪葬狗，可见古人对狗的宠爱还真是"至死不渝"呢！

帝王爱名犬

《礼记》注释中说："小曰狗，大曰犬。"古代的帝王，尤其喜欢收集天下名犬。商纣王就是一位"集犬"爱好者，他曾派人四处搜罗名犬。所以，当周文王遭到猜忌，被扣押起来时，周国大臣们为了营救文王，就花费千金，求得一只叫"青犴"的犬，献给纣王。纣王一开心，就将文王给放了。

周武王灭掉商朝，四方的少数民族前来朝贡，来自西边的人也进献了一种名犬。因为这种犬特别高大威猛，人们称之为"獒"。高大的獒，很快成了诸侯贵族们的新宠。

"六畜"之一

除了作为贵族的宠物,狗还是重要的牲畜。周人将它与马、牛、羊、鸡、猪,称为"六畜",并将狗分为三种:田犬,用于狩猎;吠犬,用于看家护院;食犬,用于祭祀、食用。对待不同的狗狗,人们的态度也是不同的。

孔子曾养过一条看家狗,狗狗去世以后,他特地叮嘱弟子将其好好安葬。他说:"马死了要用布包裹身体,狗死了要用车盖罩护。我很穷,没有车盖,即便如此也要用竹席包裹它,以免弄脏它的脸。"足见孔老夫子对自家狗狗的爱怜!

官方养狗

早在周朝,养狗就是一件大事。朝廷设有专门的职位来养狗,负责的人被称为"犬人"。春秋时期,越王勾践为了鼓励民众生育,提出以狗作为奖励的政策:凡是越国百姓,生男孩,国家奖励两壶酒、一只狗;生女孩,国家奖励两壶酒、一头猪。

到了秦汉时,养狗更加专业化。秦朝设有"宫狡士",汉朝设有"狗监",都是专门为皇室养犬的机构。有些皇帝对狗狗的喜爱可谓"出格",比如汉灵帝,据说他在西园中养了很多狗,每次前去游玩的时候,都要吩咐宦官为狗戴上官帽,披上绶带,扮作大臣的样子,并称呼它们为"爱卿"。

宠狗无上限

隋唐以后,随着各个品种的狗从西域等地流入中原,豢养宠物狗风靡朝野,宠狗成了时尚。据《集异记》记载,宫中养了一只宠物狗,隋炀帝对它的怜爱胜过自己的儿子。

唐玄宗时,杨贵妃有一只产于西域的爱犬,称为"康国猧子"。相传,这只猧子聪慧伶俐,贵妃非常喜爱。一次,唐玄宗与亲王下棋,贵妃在旁观看,眼见玄宗要输了,就将怀中猧子放下。狗狗还真善解人意,立刻跃上棋盘,将棋局扰乱,避免了唐玄宗输棋的窘境。皇帝高兴,贵妃开心,自此更加宠爱猧子,早晚将它带在身边。

唐代宰相裴度,同样"爱狗如命"。据说,凡是他所留宿或宴饮的场所都要带着他的狗。每次他吃剩的食物,就和着自己的碗拿给狗狗吃。他的女婿看到这种情况,劝阻道:"人和狗怎么能共用食器?"裴度笑着回答:"狗与人本来就是类似的呀,为何要讨厌它呢!"

最早的狗市

宋代，养宠物狗的人越来越多。从当朝天子到平民百姓，都将狗狗作为忠实的陪伴者。《东京梦华录》记载，当时养狗蔚然成风，在开封府的大相国寺，出现了专门售卖猫狗禽鸟的宠物市场。市场上还有用饧糠，也就是熬麦芽糖的残渣做成的狗粮。

《武林旧事》中提到，南宋临安城的狗市上有"改猫狗"行当，也就是为猫儿、狗儿美容。人们可以像女孩染指甲那样，用凤仙花汁将狗狗染成各种想要的颜色，这大概就是宠物美容行业的先驱了。

故宫里的狗狗

明清时期，许多著名的观赏狗品种都出现了，譬如狮子狗、哈巴狗、沙皮狗等。这些狗狗不仅出现在平民家的庭院，甚至愉快地生活在故宫中，成为皇家爱宠。

雍正皇帝是"爱狗狂魔"。他为自己最爱的两只狗取名为"造化""百福"，即便日理万机，也不忘吩咐当值太监，为狗狗们添衣添饭。有一次，他还专门下旨为狗儿筑窝，并叮嘱狗窝里一定要铺毡垫和羊皮。

慈禧也喜欢养狗。她最爱的是狮子狗和袖狗，为它们取了"海龙""黑宝玉""雪球"等有趣的名字。这些狗狗物以主贵，每日在宫中锦衣玉食，三餐要吃牛、羊、鹿肉和鸡、鸭、鱼汤，连澡盆都是由金玉制成的。

古人爱养鸟

很久之前,一只海鸟停在鲁国郊外,鲁侯派人用车子迎接它,在宗庙里向它敬酒,为它演奏雅乐,还准备牛、羊肉作为鸟儿的食物。结果,鸟儿却被吓得目光呆滞,战栗不止,三天后死掉了。庄子用这则"鲁侯养鸟"的寓言,告诉人们,养鸟不得其法,反而会害鸟。那么,风流文雅的古人,又是如何养鸟的呢?

卫懿公养鹤

春秋时,卫懿公爱鹤,他将白鹤养在宫廷中,给它们俸禄和爵位,让它们出入乘坐轩车。白鹤数量多了,卫懿公就下令扩建宫殿苑囿;国库中的钱花光了,就向老百姓征收重税。国人因此与他离心离德。

狄人听说卫国国君每天只顾养鸟,不理朝政,便发兵偷袭卫国。卫懿公派人抵抗,可士兵们抱怨说:"官都让白鹤做了,俸禄都让白鹤领了,你派它们去打仗吧!"于是,丢下武器纷纷逃走。卫懿公没办法,只得亲自上战场,结果吃了败仗,被狄人杀死,国家也被攻陷。

贵族爱斗鸡

春秋时期的贵族喜欢斗鸡，《左传》中就记载了一件大事：鲁国的季氏和郈氏因为斗鸡引起纷争，结果互不相让，将国君也牵扯进来，终于演变成一场国家大乱。鲁昭公还因此丢掉了君位，不得不逃亡到国外。

《庄子》中提到，有个叫纪渻子的人，专门为周王养斗鸡，他驯养斗鸡的方法与众不同。有一天，周王问他："斗鸡驯好了吗？"纪渻子回答："没有。这鸡本事不大，却仗着脾气逞能。"过了十天，周王又问："斗鸡驯好了吗？"纪渻子回答："没有。别的鸡一动，它就跟着反应，还得再驯。"

周王耐心地问了好几次，后来纪渻子终于汇报说，可以了。不过，那鸡看上去呆头呆脑，就像木雕的一样。周王很生气。可到了斗鸡场，这鸡一出现，别的鸡都吓得不敢动弹，大家这才佩服纪渻子的驯鸡才能。

汉朝的"鹦鹉热"

汉朝人喜欢养鸟，鹦鹉这种羽毛漂亮又能学人说话的鸟，很受欢迎。李商隐在《义山杂纂》中说："至汉而养鹦鹉者纷纷矣。"兴平元年（194年），益州曾向朝廷进贡三只鹦鹉，汉献帝非常喜欢，然而当时正值李傕郭汜之乱，朝廷动荡不安、缺衣少食，竟无法供应鹦鹉们每天三升麻子的口粮。汉献帝无奈之下，只能将鹦鹉送人。

汉末狂士祢衡，曾作《鹦鹉赋》。当时，他身处江夏，太守黄祖的儿子宴饮宾客，有人献上一只鹦鹉。黄公子欣喜不已，举酒请祢衡作赋。祢衡感怀身世，欣然提笔，将鹦鹉大大夸赞一番，称其为"来自西域的灵鸟，天生拥有与众不同的容姿"。

养鸟千计,最爱白鹇

唐代养鸟之风更盛。唐玄宗曾养过一只白鹦鹉,据说经训练后,那鸟会背诵诗篇和经文。唐玄宗听后,很是惊奇,赐名鹦鹉为"雪衣娘"。此外,他还养有黄莺,为其取名为"金衣公子"。

但真要评选养鸟高手,还得是大诗人李白。李白在《上安州裴长史书》中说,他曾与隐士东严子一起隐居岷山,在山中养奇禽上千只,每次一招呼,鸟儿们就纷纷落到他的掌中取食,毫无猜疑之心。

后来,李白游历路过黄山,见到当地隐士胡公养的白鹇,非常驯服,很想得到一对。胡公知晓后,不要金银,只求李白赠诗一首。李白于是大笔一挥,写了《赠黄山胡公求白鹇》一诗。

书圣爱鹅

晋朝的书圣王羲之爱鹅。《晋书》记载，会稽有个老太太养了一只好鹅，王羲之听闻后，邀请朋友前去观赏。老妪听说有贵客要来，就杀了鹅准备款待他们。王羲之到后，见鹅已死，叹息终日。

山阴县有个老道士，很想得到一本王羲之手书的《黄庭经》，苦于没有门路。听说王羲之爱鹅，就精心调养了一批良种白鹅，每日到王羲之和友人游玩处放养。王羲之一见，十分惊喜，请求买下白鹅。道士说："鹅不卖，但若能得到您手书的《黄庭经》，便全部相送。"王羲之立刻写了一部经书，换来白鹅欣喜而归。

皇帝、平民都爱鸟

养鸟在宋朝非常盛行，从皇帝到平民，都以养鸟为乐，以鸟为精神寄托。其中，以隐士林逋最为典型，相传他隐居西湖之畔，身边常有两只白鹤相随，每日植梅放鹤，人称"梅妻鹤子"。

宋朝的富贵人家，还喜欢养孔雀，诗人梅尧臣到好友刘原甫家做客，就看到其家"南笼养白鹇，北笼养孔雀"。太宗朝的宰相李昉也养孔雀，因为孔雀从南方而来，所以称其为"南客"。

宋徽宗算是最解孔雀的人。邓椿《画继》记载，一次宋徽宗到殿前散步，看到宫中养的孔雀在荔枝树下走动，亟召画师前来绘制。画师们到了之后，纷纷挥笔，合作一幅孔雀图。画中孔雀正迈腿登上藤墩。众人纷纷称好，只有徽宗摇头。画师们忙问有何不妥，宋徽宗说："孔雀升高，必定先迈左腿。"众人无不惊讶诚服。

古人和龟、鱼、虫

春秋时，鲁国大夫臧文仲，养了一只大龟。为了让宠物住得舒服些，他为大龟建了漂亮的房子，里面有雕刻成山形的斗拱和画着水藻的梁柱。孔子知道以后，很是不以为然，说："臧文仲这么做，算哪门子聪明呢！"在孔子看来，臧文仲僭越礼制，实属不智；但对养宠物的人来说，往往认为给宠物多好的待遇，都不为过。

龟——长寿的宠物

《礼记》中说："家不宝龟。"在古代，龟被人们视为灵物，普通人很少饲养，只有天子、诸侯才有资格把它们当宠物。所以，如果某地出现了奇特的龟，就要及时上报，献给朝

廷。南朝时，就有多则地方官员进献绿毛龟的记录，南梁皇帝还下令修建"龟堂"来养育它们。

唐武宗李炎做颖王的时候，在府邸中养了众多宠物，并为其一一取了雅号，有一只龟被称为"灵寿子"。在古人眼中，乌龟是长寿的动物。《史记·龟策列传》中也提到过，南方有位老人，将龟垫在床脚下，过了二十余年，老人去世了，人们移床，

发现龟还没有死去。

直到宋代,龟才走下神坛,成为人人可养的宠物。词人张耒家中就养了两只乌龟,好友曹无咎为其起名,大龟叫"九江",小龟叫"千岁"。张耒觉得有趣,便写了《九江千岁龟歌赠无咎》一诗来答谢。

《夷坚志》中记载,有个叫吕德卿的人,养了只绿毛龟。每天中午,他用竹棍敲打水面,等小龟浮上来,便用肉片喂食,多年一直如此。一次,吕家的孩子想逗弄小龟,也用竹竿敲击水面,小龟出来后,却不给它吃的,而是用竹竿打它的头。小龟遭到捉弄,立刻回到水底。到了中午,吕德卿召唤小龟时,小龟就再也不出来了。几天以后,吕德卿到水中掏摸,才知小龟已绝食而死。

鱼——金鳞影转池心阔

古人养鱼,始自商周时期。《诗经》中就有"王在灵沼,于牣鱼跃"之句。那时的鱼,在池沼中可以观赏,捞起来还可以食用,帝王的苑囿中有池必有鱼。孔子生儿子的时候,鲁昭公就派人赏赐给了他一条大鲤鱼,孔子受宠若惊,于是为儿子起名为"孔鲤"。

春秋末年,范蠡在陶地经商,养鱼是其重要产业。他依据自己经验所著的《养鱼经》成为后人养鱼的指导手册。观赏鱼就是人们在养鱼的过程中,逐渐筛选、培育出来的。从最初的野生鲫鱼,到盆养的金鱼,整个驯化过程,花费了几百年时间。

《武林旧事》记载,宋高宗最早在自己居住的德寿宫建小西湖饲养"金鲫鱼",并称其为"金银鱼"。自此以后,文人士大夫争相效仿,金鱼正式进入家养阶段。明清时期,饲养技术发展,金鱼的变种也越来越多。人们根据体型、颜色,为金鱼取了不同的名字,如墨龙睛、狮子头、吐舌红、鸦行雪、珍珠鳞等。

虫——宠物虽小，也需用心

虫类虽小，很多都可以作为"萌宠"，古人养起它们来，用心程度一点儿也不比养猫养狗差。蟋蟀，就是古人最喜欢的虫儿之一。唐代天宝年间，养蟋蟀之风开始由宫廷兴起。据《开元天宝遗事》记载，每到秋天，宫中的嫔妃，就用小金笼提贮蟋蟀，夜里置于枕旁，听它们的鸣声。传到宫外以后，平民百姓纷纷效仿。

宋代从达官贵人到老百姓，都热衷于养蟋蟀。据《西湖老人繁胜录》记载，当时"促织盛出，都民好养"，那时临安城里有蟋蟀市场，可以供爱好者选购。每天早晚，街道上都能看到群聚在一起斗蟋蟀的人。

南宋宰相贾似道是斗蟋蟀活动最有名的拥趸,他写了一本《促织经》专门介绍如何进行蟋蟀的豢养,以及如何训练蟋蟀的斗技。据说,因为痴迷斗蟋蟀,贾似道连国家大事都丢弃一旁,当蒙古与南宋作战之时,他还"与群妾踞地而促织"。

明宣宗朱瞻基对蟋蟀的喜爱更甚,他曾多次下令,让各地官员进贡蟋蟀。官府得诏,便逼迫老百姓寻找蟋蟀,百姓不堪其扰,编了民谚进行调侃:"促织噎噎叫,宣宗皇帝要",顺便赠送宣宗一个"蟋蟀天子"的绰号。

清朝的乾隆皇帝喜欢蝈蝈,有一次他到西山游玩,听到满山蝈蝈鸣噪,立刻提笔作诗,称赞蝈蝈叫声"雅似长安铜雀噪,一般农候报西成"。当时,人们已经掌握人工孵化鸣虫的技术,内务府为了让皇帝随时有虫儿可以赏玩,每年都要特地在暖室中培养蝈蝈,挑选其中个头最大、鸣声最响的置于绣笼,献给皇帝。

不一样的爱宠

除了常见的猫、狗、鱼、虫,古人其实还有很多不寻常的宠物。在这些不寻常的宠物身上,也存在着一些有趣的故事。

楚庄王爱马

马是古代最有效率的交通工具,在战争中也发挥着重要作用。历史上记载了很多名马,爱马的人也层出不穷。

《史记·滑稽列传》中记载,楚庄王对自己的爱马非常大方,让它们住在豪华的厅堂里,给它们披上华丽的锦缎,喂食的是精心剖好的枣肉。有一天,一匹爱马死了,楚庄王非常伤心,想要为其举办隆重的葬礼,以大夫的标准来安葬它。大臣们纷纷劝阻,楚庄王生气地说:"谁敢劝阻我葬马,就砍下他的脑袋!"

有个叫优孟的伶人,很有智慧。他见到楚庄王后,说:"那可是大王最爱的马,我看用大夫的葬礼也不够,应该用国君的葬礼。请用美玉给它做棺椁,发动全城百姓为它建造坟墓,还要封它为万户侯,建立祠庙供人凭吊。这样天下人才会知道,大王爱马胜过一切。"楚庄王听出这是讽刺和劝谏,哈哈一笑,于是下令不再厚葬爱马。

王恺的"八百里驳"

王恺是晋武帝的舅舅,也是富可敌国的大富豪,他所豢养的宠物是一头牛。这头牛因为跑得特别快,取名"八百里驳"。王恺对这头牛视若生命,每日让人精心照料,连牛角都擦得锃亮。

另一位贵戚王济看不惯他这种做法,就提出与其比试射箭,下注千万来赌"八百里驳"。王恺同意后,王济一箭便射中靶心,随即让人将牛杀死,取出牛心,现场烹制,吃了一块便扬长而去。王恺眼睁睁看着爱宠被杀,心痛不已,却也无可奈何。

以虎为宠物

郭文,是晋朝时的名士。《太平广记》记载,他曾隐居天柱山,住在石洞中修行。一天,一头老虎来到石洞前,徘徊不走,似乎有事相求。郭文查看后,发现老虎喉咙被骨头卡住,便帮其将骨头取出。

后来,这头老虎就常常驯服地陪伴在郭文旁边,郭文可以随意抚摸它。有时郭文出山,老虎也跟在旁边,低着头像狗一样温顺。城里人都很惊奇,问他怎么能将老虎驯服。郭文回答:"我只是顺其自然罢了,我没有伤害它的心思,它自然也不会伤害我。"

唐太宗养鹰

唐太宗的宠物有两种,一是骏马,一是苍鹰。据《隋唐嘉话》记载,唐太宗特别爱驯养鹞鹰,有一次渤海国进献给他一只鹞鹰,唐太宗得到后爱不释手,整日在宫中训练,连早朝都不上了。

这天,他又在把玩鹞鹰,忽然看到魏征远远走来。魏征历来敢犯颜直谏,唐太宗知道他若看到鹞鹰,一定会指责自己玩物丧志,唠叨不停,于是连忙将鹞鹰藏进袖子里。没想到,还是被魏征发觉了。魏征故意东拉西扯,说个没完,过了几个时辰才离去。他一走,唐太宗赶忙取出鹞鹰,但这时可怜的鸟儿已经因缺氧被憋死了。

唐昭宗养猴

唐昭宗李晔是唐朝末年的傀儡天子，他继位时，朝廷已经被朱温掌控。唐昭宗空有中兴的意愿，却无权无势，索性通过遛鸟玩兽消磨时日。他最爱的宠物是一只猴子，这只猴子机敏通人性，能够执鞭驾车，唐昭宗称它为"孙供奉"，无论走到哪里都带着它，还赐它绯袍，让它戴帽穿靴，与百官一起立于朝廷。

后来，朱温弑杀唐昭宗，篡位自立，建立后梁。临朝之时，他让人将"孙供奉"照旧打扮一番，牵到殿前伺候。哪知，猴子不忘旧主，扯掉衣帽，扑向朱温，想要为唐昭宗报仇。朱温又惊又怒，下令将"孙供奉"杀死。

元顺帝的大象

牛马已经够大了，但还不是最大的宠物，元朝的末代皇帝元顺帝养了一头大象。经过训练后，这头大象能够像模像样地跪拜起舞。所以，每次举行宴会时，元顺帝都要让它也参加。

后来，明朝建立，元顺帝逃向漠北，留下的大象被运往南京，献给明太祖朱元璋。朱元璋也想让大象为自己起舞，可无论如何恐吓、诱导，大象都不为所动。朱元璋非常生气，就下令让人将大象杀掉了。

古人原来这样购物

早在上古时期,商业先驱们就赶着牛车,载着货物,到处做买卖。汉代时,中原和西域之间,已经开始了远程贸易。南北朝时,银行的雏形就已出现……

在古代商业文明最为发达的宋朝,人们不但可以点外卖,还能享受折扣促销、无条件退货以及预付、月结等各种服务。可以说,古人在"卖"与"买"上花的心思,一点儿也不比现代人少。

古代商业发展简史

为什么做买卖叫"经商"?为什么将生意人称为"商人"?中国历史上有哪些知名的大商人?让我们回到古代,一起来追溯商业的起源和发展历程吧!

商业的起源

旧石器时代,所有的粮食、猎物都是群体共享的,没有剩余物资,也没有交换活动,那时商业是不存在的。到了原始社会末期,随着生产力的发展,人们能获得的物资越来越多,于是人与人之间,部族与部族之间的贸易活动逐渐产生了。

在中原大地上,最擅长贸易的是商部族的人,他们有一位首领叫作王亥,据说是最早驯养牛马为生产服务的人。王亥曾带领族人,用牛车驮着货物,到处与其他部族进行交易,并从中获利。商部族由此强大起来,其他部族的人,也就将贸易活动称为"经商",将从事买卖的人称为"商人"。

从"官商"到"私商"

早期的商品,多是粮食、牛羊等,到了西周时期,金属、陶瓷等手工业品开始成为交易的重要内容。不过,那时的商业活动并不自由,百工、商贾都被集中起来,由政府提供住所、食物,因此也必须在官吏的指导下进行生产、交易活动。

到了"礼崩乐坏"的东周时期,"工商食官"政策被打破,私商开始成为贸易的主体。商业的繁盛,催生了很多富可敌国的大商人,他们高车骏马,结驷连骑,成为各国诸侯的座上宾。他们通过自己掌握的商业资源,影响一国,乃至天下的形势。如春秋时的陶朱公,以经商而扬名四海;战国时的白圭、吕不韦,更是商人从政,权倾天下。

国际贸易出现

西汉之初,百废俱兴,统治者认为农业才是国家的根本,于是颁布了"重农抑商"的法令。后来随着经济恢复,政府对商业的管控开始放宽,商业重新繁荣。《史记》中记载:"汉兴,海内为一,开关梁,弛山泽之禁,是以富商大贾周流天下,交易之物,莫不得其所欲。"

到了汉武帝时,国家为了敛财,对冶铁、煮盐、酿酒等重要的工商行业实施垄断经营。同时推行"算缗"与"告缗"制度,要求商人主动申报财产,缴纳税赋。这些制度的推行,使国家获取巨大收益,但也给商业发展带来了消极影响。

不过,丝绸之路的开辟,又为商业活动注入了新的活力——国际贸易出现了。丝绸、茶叶、陶瓷等产自中原的商品,沿着河西走廊,流向西域、中亚和欧洲,同时产自西方的毛织品、香料、琉璃等进入中原,丰富了中原的物资,增加了汉朝商业的繁荣。

繁荣的市场经济

隋唐时期，随着大运河的开通，全国各地的经贸往来更加密切。大量的城市在全国范围内兴起，长安、洛阳、扬州、广州等都成为辐射一方的区域经济中心。城市里出现了各种各样的市场，如"夜市""早市"等，市场上充斥着来自全国各地，乃至国外的商品。

北宋的开封和南宋的临安，都是全国政治、经济中心，城市极为繁荣，市场上不仅买卖商品，还有表演行业和服务业。据《西湖老人繁胜录》记载，临安城中供娱乐的勾栏瓦舍有数十座，各种杂技、歌舞表演从早到晚，终年不息，大的勾栏可以容纳上千观众。

商业市镇和商帮

元朝国土广袤,政府对商业活动限制放松,很多西域商人到中原经商,沿海也出现众多大港口,其中泉州港是当时的世界第一大港口,云集了来自东南亚、阿拉伯的商人。

明清时,棉花、蚕桑、茶叶等农副产品大量进入交易市场,促进了市场的繁荣。以汉口镇、景德镇为代表的商业市镇繁荣起来,并出现了很多地方性的商业群体,如徽商、晋商等。

孔方兄和他的小伙伴们——古代货币

古人是如何发明货币的，古代的货币又是什么样子的呢？

货币的诞生

原始社会末期，人们开始以物换物。但这样的交换很不方便，譬如种粮食的人想换一些陶器，可制陶器的人不缺粮食，想要些鱼；种田的人就只能先去和打鱼的人交换，然后再换陶器。时间久了，人们发现有些物品大家都乐于接受，可以将它们作为交换的媒介，这就是货币的雏形。早期的"货币"，各式各样，有鱼干，有盐，有贝壳。尤其是贝壳，最受青睐，它们外表美观，又能钻孔串起来储存和携带，所以很快普及起来。

金属货币

随着社会的发展，交易活动越来越多，作为货币的天然贝壳供不应求，急需替代品。与此同时，冶炼技术发展，人们便将目光投向了青铜。商朝时，打造成贝壳状的铜贝，取代天然贝壳，成了最流行的货币。

到了春秋战国时，象征更大价值的金贝和银贝被制造出来。强大的诸侯国们，为了控制本国的经济，纷纷独自铸造货币，一时间，刀币、布币、圜钱都出现了。

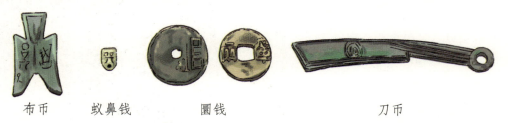

布币　　蚁鼻钱　　圜钱　　刀币

方孔钱

秦始皇统一天下后，废除了其他国家的货币，宣布圆形方孔的秦半两钱为全国统一货币。自此以后，"圆形方孔"的货币形式便延续下来，从秦到清，一直使用了两千多年。也正因为如此，钱币在古代才被戏称为"孔方兄"。

汉朝建立后，汉高祖认为秦半两太重，下令铸造榆荚钱，每个铜钱重三铢（二十四铢为一两）。后来朝廷觉得榆荚钱太轻，又下令铸造过八铢、四铢等重量的钱币。汉初货币管理宽松，很多诸侯、贵戚可以私铸钱币，所以市场上流通的货币并不统一。

汉武帝时，朝廷为了打击私造钱币的现象，宣布由中央统一发行"五铢钱"。五铢钱上铸有"五铢"两字，制作精良，从辨别铜的成色，到刻范、铸造都有专门官员负责。这种钱币形制施行了七百多年，直到唐初才被开元通宝所取代。

通宝

通宝也是圆形方孔的铜币，只不过其重量、钱币上的铸字都与五铢钱的不同。唐高祖时铸造的开元通宝，币面上下左右有"开元通宝"四字，"开元"即开辟新纪元；通宝，意为通行宝货。

通宝的形式为后世沿用，有时"通宝"二字前冠以帝王的年号，有时冠以国号，如南唐有"唐国通宝"，北宋有"大宋通宝"，明代有"永乐通宝"，清代有"乾隆通宝"等。

金银货币

金银作为硬通货一直在流通，只不过在不同的时代，人们喜欢将其铸造成不同的样式。春秋战国时，楚国人将黄金铸造成龟背形或方形的郢爰（yǐng yuán）来使用。汉代时，有金饼、金五铢，以及铸成蹄状的马蹄金和麟趾金。唐朝时，也有金质的开元通宝，不过据考证，金通宝并非用于流通的货币，而是人们模仿钱币铸造，用作赏赐、祈福的装饰品。

唐宋时，人们储存金银，多制成长条形或两端宽、中间窄的金块，以"铤"来计数。到了元朝以后，"铤"逐渐被"锭"所取代。船型的金锭、银锭，也就是人们俗称的"元宝"变成了金银货币的主要形式。

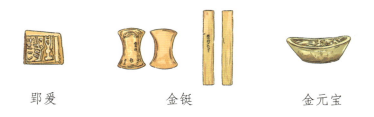

郢爰　　　金铤　　　金元宝

古代的纸币

中国是世界上最早使用纸币的国家。北宋初年，四川一带商旅繁荣，商人们携带金银或铜币出入艰险的蜀道非常不便，于是便发行了一种叫"交子"的纸币，来代替金属货币流通。

交子最初类似于存款单，存款人将现金交给专门兑换的"交子铺户"，铺户将数额填写在提前印好的纸卷上，并收取一定的保管费。随着交子使用广泛，交子铺户越来越多，也有了一些信誉，为了使用更方便，经营者便开始印制有统一面额的交子。宋神宗时，政府开始认可这种货币形式，对交子铺户进行整顿，发行"官交子"，并设立准备金，使其成了真正的纸币。

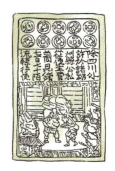

交子

古代也有银行吗？

"此地无银三百两"的故事，大家早已耳熟能详。古代有个叫张三的人，攒了三百两银子，却不知道该存放在哪，想来想去将其装进罐子里，埋到了地下。他怕自己忘记埋藏地点，又立了一块木牌，上面写着"此地无银三百两"。哂笑之余，很多人会生出这样的疑问：张三干吗不把钱存起来，难道古代没有银行吗？

寺庙银行

听起来有些难以置信，"四大皆空"的僧人可能是第一批银行家。南北朝时，佛教处于上升期，很多贵族、平民都是忠诚而慷慨的信徒。一些寺庙积累了大量财富，有经济头脑的僧人便依托寺庙开展抵押放款业务，并为信徒储存财物。

这些寺庙里的金融机构，被称为"质库"。到唐宋时，质库已经成为很多寺庙的主要收入来源。质库里的钱财，唐时称为"无尽藏"，宋时称为"长生钱"，除了存储钱财，毛皮丝绸、衣物首饰、牛羊等牲畜都可以带到寺里抵押。当然，寺院的这种做法，也引来了很多批评声，大诗人陆游就认为，"今僧寺辄作库质钱取利，谓之'长生库'，至为鄙恶"，主张政府立法禁绝。

药铺银行

唐代时,药铺也常常具有存储钱财的业务。《太平广记》中就有很多相关的记录。如《太平广记·卷二十三·张李二公》篇,有姓李之人,遇到昔年好友张某。张某知道李氏缺钱,便给他一顶帽子,说:"可以拿着帽子到王家药铺取钱。"李氏到了药铺以后,通过帽子验证身份,果然取到了三百贯钱,而张某昔日在药铺里的存钱还有两千多贯。

柜坊和"飞钱"

在商贾云集的唐代长安城中,还出现了专营借贷、存款等金融业务的柜坊。商人携带的贵重物品,包括珠宝玉器、古玩字画等都可以存放在柜坊中。柜坊会为储户发放凭帖,储户拿着凭帖在任何时候都可以取回钱财、物品,不过需要交纳一定的费用。

唐德宗时,各地方在京城设置的"进奏院",也开办起金融业务。商人到了京城,将钱财存入"驻京办",便得到凭证,即"飞钱"。凭借飞钱,可以到其他地区的指定地点取钱。利用飞钱,商人们就无须再携带大量金银和铜钱,成功实现了异地存取款。

交子铺和抵当所

宋代时,我国最早的纸币交子出现,人们可以将金银、铜钱,在交子铺中兑换成交子,然后在其他地区的交子铺里再兑换为现金。这样,交子铺就相当于可以随时存储兑换货币的银行。

抵当所在北宋神宗年间创立,遍布京城和各大商业中心。它不仅向普通市民提供抵押放贷业务,还吸纳有息存款。当时很多国家机关,如军器监、国子监等,都将余钱存入抵当所中,以取得利息作为平日支出。

钱庄和票号

到了明清时期,社会经济更为发达,钱庄和票号等金融机构开始大量涌现。钱庄又称"银号",从事货币兑换、存款、放款等业务。票号,又称"票庄""汇兑庄",专门从事汇兑业务。

票号多由山西人创办,又有"山西票号"之称。据清末徐珂《清稗类钞》记载,相传明末李自成进入北京,大肆搜刮钱财,败退时路过山西,将钱财就地掩埋。后来,这些钱财被山西康氏发现。康氏以这批巨资为本金,创立了票号。因此,清代经营票号的巨商以康姓最多。

古代的"收银员"怎么这么难

影视剧中，我们经常看到这样的场景，客人吃完饭或买东西时，潇洒地扔出一块银子，随口来句："不用找了！"伙计则感激地说："谢谢客官！"一场交易就此完成。似乎在古代做个收银员是件既轻松又"有钱途"的选择。事实真的是这样吗？

银子很值钱！

如果古人看到影视剧里的场景，一定会用两个字来评价——荒谬！因为，在古代白银的购买力，大得超乎想象，普通人在日常生活中很少用白银直接交易，即便使用白银，也是体积非常小的碎银子。

在宋朝，一两银子可以买米三石左右，那时的一石约六十六公斤。也就是说，一两银子能够买将近四百斤的米。明朝万历年间，一两银子可以购买两石左右的大米，一石九十四公斤，同样将近四百斤。试想一下，有几个老百姓能随便拿出买几百斤米的钱来用于日常付账？

收银子是门技术活

如果顾客没有铜钱，坚持用银锭付款怎么办？只能在银锭上取下来一部分。比如，客人花费三钱银子，付了一块大约八钱的银块。收银员就要用凿子或锤子将银块砸碎。然后取出大约三钱的部分，用天平进行称量。重了，就用剪子减去一些；轻了，则用剪子剪取剩余的部分添上，总之需要反复增添、反复称量，直到重量合适。

如果交易的双方互不信任，就要各自带着称量工具，相互验核，才能最终完成交易。18世纪，有个西方人来到中国，看到人们用白银交易的场景，感到非常震惊。他发现几乎所有的生意人，都携带着天平和剪刀，交易起来特别烦琐，有时付款过程就要持续两个小时。

假币需提防

没错，古代也有假币，而且往往令收银员防不胜防。早在汉代，就有人私铸铜币，以劣质的"荚钱"冒充真币，来牟取暴利。到了南北朝时期，天下动荡，政权更迭频繁，政府和民间争着铸造"恶钱"，有的钱币重量不足，有的钱币在铜中掺了铅和锡。收银员若没点儿识别真伪、优劣的眼光，那麻烦可就多了。

到了宋代以后，经济繁荣，纸币出现，造假事件更是层出不穷。陆游的《老学庵笔记》里记载着一个案例：四川有位富户让老仆帮忙管钱，一次老仆收账，拿回五千缗钱引，结果却发现全都是假的。钱引是在四川发行的纸币，五千缗钱引可换五百万铜钱，是一笔巨款，该富户损失惨重。

顾炎武的《日知录》中说，当时"上下皆用银，而民间巧诈滋甚，非直绐市人，且或用以欺官长"。连官府都被欺骗，更何况普通商户！所以古代的收银员，绝对是个有风险的职业！

古代商家让人"剁手"的套路

在现代,商家可以通过各种媒体进行产品宣传、广告营销,也可以举办线上、线下活动,但古代没有这些媒体资源,商家有哪些推广产品,令顾客"剁手"的套路呢?

节日促销

在先秦时期,人们就将二月二、三月三这样的"重日节"和元宵、端午等传统节日作为集日。唐宋时,大都市里每个月都有集市,而且各有主题。北宋赵抃的《成都古今集记》就记载,成都"正月灯市,二月花市,三月蚕市,四月锦市,五月扇市……",集市上人声鼎沸,车水马龙,卖花的,卖瓜果的,卖吃食的,耍杂戏的,令人目不暇接,流连忘返。

"直播"带货

今人直播靠嗓门,古人直播同样得造声势。《楚辞·天问》中就说:"师望在肆,鼓刀扬声。"师望,就是姜太公。即姜太公在市场上卖肉时,不断挥舞屠刀,令其铿锵作响。瞧,为了多卖点儿肉,老人家也算是煞费苦心。

古代商家还知道使用美人计。西汉时,卓文君"当垆卖酒",就是在小店门外,垒一个高台,让美人站在上面来招徕客人。这可比老头儿挥刀吆喝有效得多,所以后人纷纷效仿。韦庄在描述江南美景时,就专门提及"垆边人似月,皓腕凝霜雪"——带货的女郎,让人终生难忘!

吆喝

俗话说,好货在吆喝。宋朝时的商人,在推销商品时,就形成了一套吆喝之术。他们的叫卖声非常有特点,不但声韵悦耳,还夹带着辞章。如高承的《事物纪原·博弈嬉戏》中说:"京师凡卖一物,必有声韵,其吟哦俱不同,故市人采其声调,闲以词章,以为戏乐也。今盛行于世,又谓之吟叫也。"

到了明清时期,市井小贩的叫卖就更具艺术性了。《燕市货声》一书,收录了很多有趣的叫卖词。如卖春牛图的,会叫:"牛儿芒儿,过年的小黄历!"卖炸食的会叫:"小炸食,我的高;一个大,买一包;哄孩子,他不闹,他不淘。"

广告宣传

利用名人做广告,古已有之。《晋书》中记载,书圣王羲之曾主动给一老媪做广告。一天,王羲之到市上溜达,看到一位卖扇子的老太太,正努力吆喝,扇子做得很精美,吆喝也费力,可就是没人购买。王羲之动了恻隐之心,提笔在扇面上各写了几个字。人们见到扇子上有王羲之的题字,纷纷抢着购买,没一会儿十几把扇子就全都卖出去了。

到了宋代,商家广告形式推陈出新,有用铜版印制宣传单发放的;有在店铺前搭彩楼的;有在店门外挂旗帜的。《水浒传》中景阳冈下的酒家,旗子上写着"三碗不过冈",就是很有特色的广告语。

促销活动

宋朝的商家,为了招揽回头客,发明了"红票",也就是优惠券。顾客购物之后,赠予红票,下次再来购物,就能享受一定的折扣。在所有的促销手段中,"关扑"是最为前卫的。《梦粱录》中记载:"街坊以食物、动使、冠梳、领抹、缎匹、花朵、玩具等物,沿门歌叫关扑。"即商家的商品既可以购买,也可以按照约定的方式,玩一些游戏,如转盘、套圈、投壶等,顾客投中了,就能免费或打折得到商品。这种促销活动,让很多人沉迷,一度令政府对其进行限制,只许在"元旦""寒食"等节日举办,否则按"非法赌博"给予处罚。

周到的服务

古代商家提供一种叫"撤暂"的服务,即买家可以免费试吃试用,不满意的话,随时终止交易。这就相当于现今的无条件退换。若顾客购买的物品过多,有些商家还会提供送货上门服务,称为"送利"。

宋朝大城市里的餐馆、酒馆,一般还配有外卖服务。客人想吃什么,提前预订好,到了吃饭的时辰,伙计就会提着食盒,送货上门。《清明上河图》中就有急着送货的外卖小哥形象。

此外,古代的商家还提供预付及月结服务。客户可以提前将钱存至商家,享受服务或提取货物时,随时扣除费用。或是每次消费记账,到了月底统一结清。

古人原来这样运动

蹴鞠、捶丸、马球……球类运动为古代运动史绘就了浓墨重彩的一笔；举重力能扛鼎，摔跤徒手搏击，角力项目彰显实力；拉雪橇，耍冰嬉，冰雪运动蕴含无穷乐趣……

让我们一起来到古代赛场上，一睹运动健儿们的风采吧！

古人的球类运动

在汉代画像石《乐舞蹴鞠》中,我们能看到古人踢球的场景;在元代壁画《捶丸图画壁》中,还能发现"高尔夫球"的身影!看来,古人也喜欢球类运动。

马球——霹雳应手神珠驰

马球,又称"击鞠""击球",是一种将骑马和击球相结合的体育运动。分两队竞赛,每队队员身穿不同的颜色的衣服,骑在马上,手持长长的击球棍,追逐小小的马球——马球大小如拳,一般由木头或牛皮制成。将马球击进对方的球门,则得一分;裁判会为进球的队伍插上一面彩旗。比赛结束后,彩旗多的队伍就是赢家。

马球惊险刺激,极具观赏性,观众经常能欣赏到精彩的表演。唐代诗人韩愈如此描写马球比赛的场景:"侧身转臂著马腹,霹雳应手神珠驰。"大意是:参赛者侧过身,转动手臂,然后俯身在马肚子下击球。随着如同霹雳一般的击球声,球飞驰而去。

捶丸——打一棒快球子

捶丸类似现代的高尔夫,古人在野外起伏不平的场地上,设置若干个小洞穴,旁边插彩旗。击球者手持下端弯曲的木棍,将小球从发球台击入球洞。

宋元时期,捶丸非常流行。元代还出现了一部介绍捶丸的著作:《丸经》,内容囊括捶丸的起源、规则和技巧等。据《丸经》记载,很多皇帝也是这项运动的"发烧友":"至宋徽宗、金章宗皆爱捶丸,盛以锦囊,击以彩棒,碾玉缀顶,饰金缘边,深求古人之遗制,而益致其精也。"

蹴鞠——"鸡鞠之会"乐趣多

蹴鞠又名"踢鞠""蹴球",和现代的踢足球类似。相传,蹴鞠是黄帝发明的,用于军事训练。在距今4000多年的阴山岩画中,也能看到人们玩蹴鞠的场景。

战国时,蹴鞠作为一种娱乐活动流行起来。《战国策》中记载:"临淄甚富而实,其民无不吹竽鼓瑟、击筑弹琴、斗鸡走犬、六博蹋鞠者。"到了汉代,蹴鞠得到了进一步的发展,人们还专门建造了露天足球场——"鞠城",外面设矮墙,以免球飞出城外。

有很多皇帝都喜欢蹴鞠。汉武帝经常在宫中举行"鸡鞠之会",也就是斗鸡和蹴鞠比赛;曹操将擅长蹴鞠的孔桂带在身边,行军累了,就让孔桂陪自己踢蹴鞠,放松一下。

蹴鞠于宋代进入鼎盛时期。爱好者们甚至成立了蹴鞠社团,其中最著名的社团叫"齐云社",又名"圆社"。齐云社会定期举办全国性赛事:山岳正赛。每次比赛,不仅有很多人观看,还有人负责讲解赛况。比赛后,有人会将赛中趣事编成小曲,在戏台上演唱。如此热闹,怪不得这个社团曾宣称:"万种风流事,圆社总为先。"

古代的摔跤场面真壮观

在远古时期,人们在捕捉猎物或抵御野兽侵害时,需要进行肢体搏斗,这就是角力类运动的雏形。

从角力到相扑

春秋战国时期,战争频繁。虽然当时的兵器种类很多,但徒手搏斗的技能依旧重要。在这一时期,擅长角力的人被视为人才,大力士乌获、孟说因此受到重用。

汉代时,社会逐渐安定,角抵戏发展成一种娱乐活动。艺人们化好妆,跟着乐曲的节奏,在台上表扬角力,展现力与美。接待外宾时,皇帝有时也安排角抵表演,意在展现国力的强盛。

魏晋南北朝时期,各民族之间交流增多,角力的形式因此变得更加多样。比如,南方地区流行赤身摔跤,北方地区则流行穿着角力衣摔跤。角力也有了新名字:摔胡、相扑、拍张等。

从宫廷到民间

唐玄宗、唐穆宗等皇帝都特别喜欢看相扑表演。唐宫中建造了"内院",里面有许多相扑手,专门为皇帝表演相扑。每次比赛,在激烈的鼓声中,两个壮士互相扭摔,场面甚是激烈。唐朝末年,有一个姓"蒙"的相扑能手,因他"拳手轻捷,擅场多胜",而被人们尊为"蒙万赢"。

宋代经济繁荣,相扑表演在民间也很受欢迎。在南宋临安城,就生活着五六十个有名气的相扑艺人,其中还有女子相扑手。在《水浒传》中,燕青就擅长相扑,曾将拥有众多弟子的相扑手任原摔下了献台。

保护皇帝的安全

在满语中,摔跤被称为"布库"。康熙八年(1669年),一群布库少年擒住了鳌拜,为康熙皇帝扫除了亲政道路上的一大障碍。后来,康熙帝建立善扑营,里面有200名摔跤手、50名弓箭手和50名骑手。皇帝出巡时,他们负责保护皇族的安全;皇帝设宴招待蒙古藩部时,他们会表演摔跤、骑马、射箭等技能,以彰显皇朝的威严。

古代也有冰雪运动

在新疆阿勒泰地区，有一组距今一万余年的岩画，上面描绘了这样的场景：画中人身体向前倾，双膝微微弯曲，手中拿着一根细长的棍子，脚下踩着类似滑雪板的东西。可见，中国人很早就开始进行冰雪运动了。

骑木而行

《隋书·北狄传》中有载："南室韦北行十一日至北室韦，分为九部落，绕吐纥山而居……地多积雪，惧陷坑阱，骑木而行。"大意是，东北地区有一个叫室韦的部族，他们担心掉进积雪的坑洞里，就脚踏木板，在雪地上滑行。

这里的木板，是一种简易的滑雪板，一共有两块，分别系在左右腿上。骑木而行不仅能够避免危险，还能提高行进的速度。据《隋书》记载，一个叫"拔悉弥"的突厥部族，手执曲棍，脚踏木板，追逐小鹿，速度不输于奔马。

备受欢迎的冰床

宋代时，冰床游戏大受欢迎。冰床的形状像床，几个人坐在冰床上，一个人在前面拉着绳子，拖动冰床在冰上行进。"行冰如飞，积雪残云，点缀如画"，场面非常欢乐。

明代时，人们常常"冰床围酌"。严冬时节，富贵人家带着酒具来到冰封的河面或湖面，将若干个冰床连在一起，坐在冰床上行酒令。明代散文家刘侗如此描写当时的场景："雪后，集十余床，垆分尊合，月在雪，雪在冰。"

清朝的国俗：冰嬉

冰嬉，又名冰戏，就是穿着冰鞋，在冰上嬉戏、表演、竞技等。冰嬉在宋代就已经出现，在清代进入鼎盛时期，并被乾隆皇帝称为国俗。清政府设立了冰鞋处，负责管理冰嬉事宜，还训练了一支善于滑冰的队伍，名为"技勇冰鞋营"。

清政府有时会在冬至后举行冰嬉大典。在冰嬉大典上，皇帝安然地坐在巨大的冰床上，观看抢等、抢球、转龙射球等冰上项目。抢等，类似现代的速度滑冰。整个赛道的长度一般有一千多米，滑过终点的人要大声地喊出自己的名字。抢球，就是在冰面上踢球，规则和唐宋时期流行的蹴鞠类似；转龙射球，就是一边高速滑行，一边用箭射高高悬挂的彩球。有些参赛者还会表演花样，如叠罗汉、金鸡独立等，有趣极了。

古人原来这样看时间

太阳东升西落，月亮从圆到缺。在日复一日、年复一年的劳作中，智慧的古人发现了岁月更替的规律，也有了时间的概念。

时间一分一秒流逝，古人心中亦有度量。滴答的刻漏声，悠扬的钟鼓声，更夫的吆喝声……共同奏响一首恢宏的"时间进行曲"。

古人如何看一天的时间

从殷墟出土的甲骨文中,能发现古人为不同的时刻赋予了不一样的名称:旦、大食、中日、小食、夕等。西周时,人们根据太阳的运动规律,将一天的时间均分成十二份,有规律地计时。

十二个时辰

古人将一天分作十二个时辰,一个时辰为现代的两个小时。汉武帝太初年间,人们将十二个时辰分别命名为夜半、鸡鸣、平旦、日出、食时、隅中、日中、日昳、晡时、日入、黄昏、人定。

后来,人们又用十二地支来表示十二个时辰,分别为:子时、丑时、寅时、卯时、辰时、巳时、午时、未时、申时、酉时、戌时、亥时。唐朝诗人张继途经寒山寺时写下:"姑苏城外寒山寺,夜半钟声到客船。"诗中的"夜半"就是子时,即晚上十一点至次日凌晨一点。

"半夜三更"是何时

古人把一夜分作五更,每更为两个小时。十九点至二十一点为定更,二十一点至二十三点为二更,二十三点至次日的凌晨一点为三更,一点至三点为四更,三点至五点为五更。

唐朝书法家颜真卿曾作《劝学诗》:"三更灯火五更鸡,正是男儿读书时。黑发不知勤学早,白首方悔读书迟。"勉励少年勤奋学习,否则到老一事无成,后悔已经晚了。

弹指一挥间

古人用日常活动来衡量较短的时间,如"一盏茶""一炷香"。中国人爱喝茶,喝茶的小杯子叫"盏"。从热茶被端上开始,到茶凉可以入口为止,就是一盏茶的时间。"一炷香"指一炷香燃尽的时间。元朝天文学家郭守敬还发明了两种燃香计时的工具——柜香漏和屏风香漏。将香放入立柜或屏风状柜子中,点燃后计时。

若是时间再短些,则用"刹那""弹指"等来表示。《僧祇律》中解释道:"一刹那者为一念,二十念为一瞬,二十瞬名一弹指,二十弹指名一罗预,二十罗预名一须臾,一日一夜有三十须臾。"根据这个说法,三十须臾为一天(86 400 秒),一须臾则为 2880 秒。换算下来,一弹指仅有 7.2 秒,一刹那约为 0.018 秒。

宋朝词人高观国在《卜算子·泛西湖坐间寅斋同赋》中写道:"屈指数春来,弹指惊春去。"弹指一挥间,春天就过去了,可见在词人心中,春日何其短暂。

古人的计时工具

在原始社会，人们通过观察日月的位置来估算时间。后来，人们发明了各式各样的计时工具，得以更加精确地感知时间。

圭表和日晷

很久之前，人们发现物体的影子会随着太阳的移动而变化，便在平地上竖起一根杆子或石柱，称之为"表"；用石板制成与"表"垂直的刻度盘，称之为"圭"，这就是早期的圭表。人们将圭的一头指向正北，通过测量日影长度和方位来判断时间。《宋史·律历志九》有载："观天地阴阳之体，以正位辨方、定时考闰，莫近乎圭表。"

日晷由圭表演化而成。人们在带有刻度的圆形石盘中央装一根金属晷针，与盘面垂直。将日晷放在户外，通过观察晷针的影子来测算不同的时刻。不过，这两种计时工具都有一个弊端：太阳一下山，它们就"罢工"了。

圭表

日晷

漏壶和沙漏

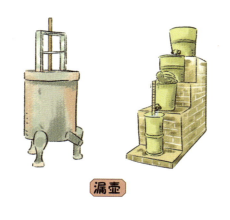

漏壶

相比"靠天吃饭"的日晷，漏壶的使用更为方便。漏壶是用铜壶装水，让水慢慢漏出，通过壶内水位变化来判断时间。

早期的漏壶只有单壶，壶内有记时刻的箭尺，浮在水面上。水从小孔漏出，带动箭尺下降。观察箭尺上的时刻线，就能知道时间了。因为漏壶漏水的速度不稳定——水满时，漏水速度快，反之较慢，所以箭尺上的刻度也是不均匀的。

后来，古人发明了多级漏壶，即有多个铜壶，而有箭尺的铜壶底部没有小孔，水滴入此壶中，箭尺随之上浮，根据箭尺上刻度可知时间。这种设计可让漏壶内的水位保持稳定，从而让水流的速度保持稳定，提高了计时的准确性。

水运仪象台

北宋时，天文学家苏颂、韩公廉等人制作了一台既能测量时间，又能进行天文观测的大型仪器——水运仪象台。

水运仪象台高约12米，宽约7米，上窄下宽，分为三层。上层装有浑仪，用来观测天体的位置；中层装有浑象，用来演示天象；下层装有齿轮系统和报时装置。

水运仪象台是用水力驱动的。人们通过筒车将水注入下层的蓄水池中。水流通过水管流入水轮中，使齿轮系统有条不紊地工作，进而带动浑仪、浑象、报时装置运转。

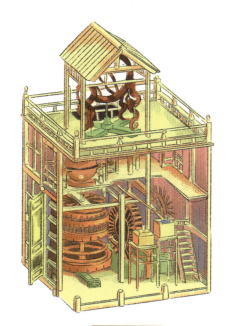

水运仪象台

古代的报时制度

在古代,并非人人家中都有计时工具,那么老百姓是如何知晓时间的呢?这就要谈到古代的报时制度了。

报时中心:钟鼓楼

钟鼓楼报时起源于汉朝,东汉文学家蔡邕在《独断》中写道:"鼓以动众,钟以止众。夜漏尽,鼓鸣即起;昼漏尽,钟鸣则息也。"可见,在汉朝,鼓是"起床鼓",钟是"入眠钟"。

到了唐朝,实施宵禁,官差在每日黄昏击鼓报时,城门关闭,百姓们回家休息。如果有人在宵禁期间去主街闲逛,一旦被发现,可是要受罚的。早晨时,官差敲响钟鼓楼的钟,城门开启,百姓们出来活动。这就是"晨钟暮鼓"。

明清时期，钟鼓楼的报时制度更加完善。以清朝时的北京城为例，每日定更，鼓楼击鼓定更次：先快击十八次，后慢击十八次，如此反复几次，共击鼓一百零八次。鼓声息，钟楼撞钟报时。钟响城门关，交通断，称"净街"。随后每过一个时辰，撞钟一次。五更时，先击鼓，后撞钟，京城的千家万户被唤醒。

北京钟鼓楼的计时装置是一套多级漏壶，壶前立着一尊铙神，做击铙状。这套漏壶一共有四个铜壶，从高到低分别称：天池、平水、万分、收水。收水壶中有箭尺，上面有时刻线。水位每上升一个刻度，就会触发机关，带动旁边的铙神击铙八次。鼓手们听到铙声，就立刻击鼓定更，钟楼随之撞钟。

身兼多职的谯楼

部分没有钟鼓楼的城市，会用谯楼报时。谯楼，即城门上的瞭望楼，有防御外敌的作用。《三国志》有载："诏诸郡县治城郭，起谯楼，穿堑发渠，以备盗贼。"到了唐朝，谯楼增加了报时的功能：楼内悬挂着一口大钟，放置着几面大鼓。官府于每日清晨和黄昏敲钟击鼓，告知城内百姓时间。

宋朝时，大部分州府级城市都建有谯楼，《兴国军重修刻漏碑记》中有载："凡郡必有城，城必有谯门。"谯楼每日为全城百姓报时，更夫巡夜时也以此为原点，将有关时间的消息带到每一条街巷。

古代报时使者：更夫

古代某些城市设有钟楼、鼓楼、谯楼，用于报时。但有的百姓住在很偏僻的地方，听不到报时声，家中又没有日晷、刻漏等计时工具，很难知晓准确的时间。在白天，这些人通常根据太阳的位置估算时间，到了晚上则依靠更夫报时。

更夫的起源

先秦时期，人们通过鸡鸣声估算天亮的时间。周朝宫廷里有一群养鸡人——鸡人，他们不仅负责养鸡，还因擅长听辨鸡鸣声，而成为守夜报时的使者。那时，鸡人一晚上报三次时："呼旦以警起百官，使夙兴。"

更夫如何报时

渐渐地，民间也出现了负责巡夜报时的人：更夫。夜幕降临，更夫们根据钟鼓楼的信号，或通过滴漏等计时工具来确定巡街的时间。古人将一夜分为五更，每更两个小时。更夫每更报一次时，每晚报五次。

更夫两人一组，手提灯笼，一人拿锣，一人拿梆子，按照更次的不同，改变敲锣击梆的节奏。敲完梆子，更夫还会口头报更。接着，发出警示信号，如："天干物燥，小心火烛！""防贼防盗，闭门关窗！""寒潮来临，关灯关门！"

身兼数职的更夫

深夜时分,也是盗贼活动的时候,而更夫的吆喝声能震慑住贼人。不过,更夫有时会因此遇到危险。《济公全传》中有这样一个情节,有两个贼人在深夜行凶,"抢去缎子五十匹,银子一千两,持刀押颈砍倒更夫"。

此外,古代很多建筑都是用木头建成的,一旦发生火灾,后果非常严重。所以,更夫打更时,常常会提醒百姓注意防火,活脱脱一个消防宣传员。

古人原来这样应对天气变化

天气变化多端,但古人自有妙计。炎炎夏日,古人打开"冰箱",享用里面的冰镇饮料和瓜果。有些古人家中还建造了"空调房"!数九隆冬,古人抱紧手中的"暖手宝",或者躲进有"暖气"的房子,驱走寒冷。有些朝代的皇帝还会阅读地方送来的"天气报告",以更好地应对天气变化。

古代也有"天气预报"

在甲骨文中,经常能见到关于云雨的卜辞,如:"兹云,其雨?"意思就是:天上乌云密布,是不是要下雨呢?用占卜来推断天气变化,是早期预测天气的办法。

二十四节气

古人最初通过占卜预测天气,但占卜结果不一定准确。后来,古人在年复一年的观察中,渐渐发现了太阳运行的规律。古人将太阳一年在天空中移动一圈所形成的路线称"黄道",然后根据太阳在黄道上的位置,将一年分成二十四个段落,称"二十四节气"。

早在商代,就出现了"至日"(冬至)的说法。后来,立春、立夏等节气名称陆续出现。到战国时期,二十四节气的名称已经基本定型。二十四节气表明气候的变化和农事的节令,民间还出现了很多和节气有关的农谚,如"清明前后,种瓜点豆""秋分早,霜降迟,寒露种麦正当时"。虽然这份"季节预报"无法预测具体的天气,但能很好地指导农事活动。

判断空气湿度的妙计

古人还想出了办法去测量空气湿度。《淮南子》中有载:"风雨之变,可以音律知也。"即通过琴声判断空气湿度:若琴弦声音变宽,说明湿度较大,下雨的可能性就高。

早在汉代,人们就会通过吸湿性强的物品来判断空气的干湿变化。比如,将重量相差无几的羽毛和木炭悬挂于天平两端,使天平保持平衡。木炭的吸湿能力强,而羽毛的吸湿能力很弱。如果空气湿度发生变化,木炭的重量也会随之发生变化,天平的平衡就会被打破。这就是"悬羽与炭而知燥湿之气"。

相风铜鸟

各式各样的鸟形风向器

观测风向的仪器

早在商代，人们就会用一种叫"俔"的仪器观测风向。俔可能是一根风杆，上面系了布帛或长羽，可随风飘动。风杆上还有一个铃铛，风吹过时，铃铛发出清脆的响声，以提醒工作人员过来记录风向。后来，古人发明了一种叫"綄"的测风仪。《淮南子注》中有载："綄，候风也，楚人谓之五两也。"綄是用五两鸡毛系在高高的杆子上而制成，根据羽毛飘动的方向而定风向。

汉代时，相风乌——乌形测风仪——开始流行起来。据《三辅黄图》记载，东汉科学家张衡制造了一种叫"相风铜乌"的测风仪，即在空旷的地上立起一根高高的杆子，最上面安装一只铜乌，铜乌下方有转动的枢轴。风吹来时，铜乌就会转过头，随风而动，人们通过乌头的方向来判定风向。后来，人们将铜乌改为木乌，木乌更加轻盈，可以观测更微小的风。

专业的观象台

古人为更好地观察和记录天象,还建造了观象台,如北京古观象台。在观象台中,大多都有一种由许多同心圆环组成的仪器,名为浑仪。中国古人认为,天与地的关系就像蛋壳和蛋黄,南北两极固定于"蛋壳"的两端,日月星辰围绕两极的极轴旋转,而人类站在"蛋黄"上观察星辰。这种学说被称为"浑天说",而浑仪就是基于此而被发明的。

浑仪又称"浑天仪",早在西汉时就已出现,最初可能只有两个圆环,后经历代天文学家改造,到宋代时演化成相对完美的天文仪器。在很长的一段时间里,中国人就是用它来测定星辰位置的。

天象台事务繁忙,工作人员除了要观测天文现象,还要记录气象变化。比如,每隔一段时间去查看量雨器,记录降水量。明清时期,量雨器一般为圆筒形,内有刻度,可根据水位来大致测定雨量多少,十分方便。

古人如何取暖

古代没有空调,也没有集中供暖,古人是如何应对严寒天气的呢?

烧炭取暖

春秋时期,人们多用"燎炉"烧炭取暖。燎炉类似现代的火盆,一般是用青铜、铁制成的,散热效果好。贵族有时会用"熏炉",即可以熏香的火炉,在炉子中放上香料,火焰燃烧时,香气飘散开来,别有一番情调。

秦朝时,王公贵族用上了"暖气"。古人在墙壁中挖掘烟道,称为"火墙",烟道尽头设置添火口,在添火口处烧炭,热气就能传到整个屋子里。火道尽头设有排气孔,以便有毒气体排出。

花椒保温墙

汉朝时,在修建皇后的宫殿时,工匠们会把花椒研磨成粉末,将其和泥巴混合在一起,涂在墙壁上——椒房殿之名由此而来。以花椒和泥涂墙,不仅能使宫殿更加温暖、芬芳,还蕴含了"花椒多子,子嗣延绵"之意。不过,古时花椒格外昂贵,一般人是不能如此大量使用的。西晋时,大富豪石崇就曾以花椒涂墙,来炫耀自己的财富。

轻便的火炉和汤婆子

古人还发明了很多轻便的取暖设备,如手炉和汤婆子。人们在手炉中放置炭火,再将小小的手炉放进怀中或宽大的衣袖中,暖意席卷全身。汤婆子则是一种用锡或铜制成的扁瓶,类似于现代的热水袋。古人往里面倒上热水,然后将其放进被窝中,梦中也可以感受到暖意。北宋诗人黄庭坚在《戏咏暖足瓶》中写道:"千金买脚婆,夜夜睡到明。"

古人这样应对酷暑天

夏日来临，酷暑炎炎。古人没有空调这样的降温利器，又是如何避暑的呢？

手摇风扇凉风来

"净君扫浮尘，凉友招清风。"诗中的"凉友"就是扇子。扇子是古人最趁手的消暑工具，但风力实在有限。因此，有些富贵人家会使用机械风扇。比如，将巨大的扇叶装在厅堂上方，由奴仆拉动绳子带动扇叶，给主人送去凉风。

《西京杂记》中记载了一种很精巧的机械风扇："长安巧匠丁缓作七轮扇，大皆径丈，相连续，一人运之，满堂寒战。"这大概是一种开放式的扇车，将七个巨大的叶片装在轮轴上，人转动轮轴，带动叶片转动，产生气流。

"空调房"避暑

古人也热衷于建造"空调房"。比如，西汉未央宫中有清凉殿，殿内有玉石床，床上有水晶盘，里面放着冰块。住在清凉殿中，"中夏含霜"。唐朝皇宫有凉殿，凉殿临水而建，夏季凉爽宜人。宫殿后面有类似水车的装置，水流带动水轮转动，将凉气送入殿内。

有人直接在屋子里开通"空调管道"。明代文人高濂在《遵生八笺》中写道："霍都别墅，一堂之中开七井，皆以镂刻之，盘覆之，夏日坐其上，七井生凉，不知暑气。"即在厅堂里挖几口深井，让井下凉风带走室内暑气。

吃冰消暑

早在周朝，人们就会将冰块储存在冰窖中，朝廷还派遣了专人来管理藏冰事宜。到了夏天，这些冰块可能会被赏赐给臣子，也可能流入市场，成为紧俏货。

有时候，人们会将冰块放进冰鉴中。冰鉴是古人的冰箱，由鉴和缶组成，缶被置于鉴中。将食物或饮料放进缶里，冰块放进鉴里，就能达到冰镇食物、制作冷饮的目的。

古人还会制作冰品。比如，在宋代颇受欢迎的"冰团冷元子"，类似于现代的冰镇芋圆；元代时，人们在冷饮里加入奶制品，制成"奶冰"；从唐朝起就流行的冰品"酥山"，大概是一种冷冻的乳制品，和现代的冰激凌差不多。

古人如何应对下雨天

古人的雨具多种多样，他们或身披蓑衣，头戴斗笠；或撑起油纸伞，自在地行走于雨帘中，欣赏"双燕归来细雨中"的美景。

青箬笠将风里戴，短蓑衣向雨中披

《诗经》中有这样一句："尔牧来思，何蓑何笠？"描绘了牧人身穿蓑衣、头戴斗笠的模样。蓑衣和斗笠，就是古人的雨衣和雨帽。

蓑衣是用竹叶或草、棕编成的雨披，可分为两部分，上半部分是蓑衣披，领口有绳子，可以披在肩上后再用绳固定；下半部分是蓑衣裙，一般是齐腰短裙。蓑衣的价格较为低廉，且防雨效果好，因此在民间很受欢迎。

斗笠是用竹篾、箭竹叶制成的帽子，有长长的帽檐，可以用来挡雨和遮阳。因为其原料便宜、易得，所以在民间很常见，是农夫、渔夫和樵夫的好帮手。

乘马披毡笠，人从油绢衣

蓑衣较为笨重，贵族多穿用丝织品制成、外涂桐油的"高级雨衣"——油绢衣。据《西湖老人繁盛录》记录，在南宋都城临安，"公子王孙赏雪，多乘马披毡笠，人从油绢衣，毡笠红边"。

民间有很多售卖油绢衣的店铺，清代时，还发生过这样一件事：北京有一家窦氏油衣，口碑极好，顾客很多。但不知道从什么时候开始，大街小巷都是窦氏油衣，这些店铺并非分店，而都是冒牌货。当时没有商标一说，窦家店主只能干瞪眼。诗人张子秋在《续都门竹枝词》中嘲道："雨衣油纸家家卖，但看招牌只一家。你也窦家我也窦，女娼男盗尽由他。"

伞声松径雨，巢影柳塘风

相传，鲁班的妻子云氏发明了伞："劈竹为条，蒙以兽皮，收拢如棍，张开如盖。"早期的伞多由羽毛和丝绸制成，十分贵重，只有王室和贵族才用得上，普通百姓只能用蓑衣和斗笠遮风挡雨。汉朝时，蔡伦改进了造纸术，人们尝试用纸做伞面，然后涂上桐油，制成油纸伞。油纸伞防水效果好，价格相对便宜，普通百姓也买得起。唐代时，油纸伞被传到了日本、朝鲜等国，并被称作"唐伞"。到了宋代，伞的使用已经非常普遍。当时制伞业发达，纸伞畅销海外。

古代如何应对极端天气

清朝光绪元年（1875年），山东、河南、陕西等多地爆发了数十年未有的旱灾。百姓们苦不堪言，挖草根、剥树皮，甚至吃泥巴。古时，如果遇到极端天气，人们通常如何应对呢？

未雨绸缪

战国时期，魏国宰相李悝颁布"平籴法"，即国家在丰年时收购粮食，荒年时卖出粮食，以稳定粮价。明朝初年，朝廷令各地建立"预备仓"：为赈灾而设的粮仓。官府出钱，派老年乡民购买粮食。每个州县设东、西、南、北四个预备仓。

很多皇帝都要求地方上报天气的情况，以提前做准备。康熙皇帝曾令地方官员每天都观测天气现象，并将其写进奏折中，送给自己审阅。康熙则根据这些记录，采取应对的措施。

赈济灾民

灾害一旦发生，最先要赈济灾民。如何赈济？古人自有一套方法。明朝官员林希元认为，可以将灾民分为三等：极贫、次贫和稍贫。对于在生死线挣扎的极贫的灾民，朝廷可以发放米粮。成年的灾民一天可

领一升米，孩子一天领半升米；对于次贫的灾民，朝廷可以发钱，以帮助他们撑起生活。一个灾民可以领二钱银子；对于稍贫的灾民，朝廷可以提供贷款，以帮助他们恢复生产生活。灾民可以等丰收时再偿还贷款，而且朝廷只收本金，不收利息。

林希元将赈灾之策写成《荒政丛言》，进呈给皇帝，得到了皇帝的认可。后来，有很多官员沿用、借鉴了林希元的方法。

兴修水利

自先秦时起，朝廷就派人修建水利工程，以防备水灾。比如，战国时期，秦蜀郡守李冰主持修建了都江堰，都江堰既能防洪，又能引岷江水灌溉成都平原，给当地百姓带来很多便利。

在某些朝代，政府在修建水利工程的过程中，会"以工代赈"，即组织灾民参与水利工事，每日给他们发米粮和钱。此外，政府还制定了相应的法规来保护河道堤防安全。比如，《唐律疏议》中规定，官员若不及时修补提防，就要被责打七十下。

古人原来这样读书

人不学，不知义。在古人看来，读书同吃饭、睡觉一样重要——它让人明白事理，打下立身于世的基础。一个有作为的人，一定要爱读书，会读书。

那么，古人都读什么书，他们是如何读书，又怎样参加各级考试的呢？让我们一起来了解下，古人的读书趣闻，以及他们的求学之路吧！

有趣的"入学礼"

在古代,"入学"可是件人生大事,所以"入学礼"也特别重要,和成人礼、婚礼、葬礼一起被称为古代的"人生四大礼仪"。那么,古人的入学礼仪是什么样的呢?

古人几岁入学

古人并没有统一的入学年龄。一般来说,汉代以前,孩子们的入学年龄大概在八岁到十五岁之间。如《大戴礼记》中称,"古者年八岁而出就外舍,学小艺焉,履小节焉",《尚书大传》中则称"十五始入小学,见小节,践小义"。

值得注意的是,"小学"并不是学校,而是指教孩子读书识字;"小节"指洒扫、应对、进退这些基本的礼仪;"小义"则是浅显的音乐、驾车、射箭、算术等知识。

当然,也有些条件好的孩子,在入学之前,就已经接受了教育。比如,药王孙思邈七岁的时候,就认识上千个字,还能背诵很多篇文章,被人称为"圣童";唐代诗人李贺六七岁时就能吟诗作对,因此受到大文豪韩愈的关注。

入学前需要准备什么

首先要准备的自然是束脩（学费）了。《论语》中，孔子曾说过："自行束脩以上，吾未尝无诲焉。"脩，就是腌好的干肉；束脩，就是十条干肉。孔子收学生，以十条干肉作为学费，后世便沿用了"束脩"这一称呼。后来，人们也将学费称为"脩金"。脩金一般是银两、钱币，如果学生家里特别穷，也可以用粮食、物品代替。

其次，学生还要准备自己的"学生服"。身上穿的一般是青衿，即青色领子的深衣。头上戴的帽子，各代有所不同：春秋时一般戴高高的"峨冠"，宋朝时流行方正的"巾帽"，明朝时则束"四方平定巾"。

有些离家外出求学的学生，还得背负"笈囊"。笈，是指专门装书的箧；囊，则是装衣服、钱财的行囊。明代文学家宋濂在《送东阳马生序》中描述自己求学经历时，就说曾在寒冬大雪中"负箧曳屣，行深山巨谷中"。

入学礼仪——正衣冠

古人的入学礼仪，庄重又有趣。其中，第一步便是"正衣冠"，《礼记》中说："礼义之始，在于正容体、齐颜色、顺辞令。"所以，新学生见到先生时，要逐个排好，让先生为自己整理衣冠。正衣冠，也象征着端正学习态度，端正做人的原则。

入学礼仪——拜师

学生第一次进入学堂，要穿着礼服，带着祭品和束脩，先献上祭品，叩拜孔子的神位，双膝跪地，九叩首。然后，再拜先生，三叩首，赠送"六礼束脩"。

六礼束脩，是指在束脩之外，还有六种象征性意义的礼品。赠芹菜，寓意业精于勤；赠莲子，期盼先生苦心教育；赠红豆，希望鸿运高照；赠红枣，祈祷学子早日高中；赠桂圆，赞美先生功德圆满；赠干肉条，表示学子铭记师恩。

六礼束脩

入学礼仪——净手

拜师结束，学生还要到水盆中"净手"。净手时正反各洗一次，擦干，寓意净手净心，从此心无旁骛，专心跟随先生学习。

在古代，称高等学校为"泮宫"，泮宫之前有泮池。净手仪式都是在泮池里进行的。那时，学子们还会从泮池里采一枝水芹插在帽缘上，以示文才。《诗经》中，"思乐泮水，薄采其芹"，就是这个意思。

入学礼仪——其他环节

入学礼仪完成后,还有朱砂开智、击鼓明志、启蒙描红等环节。朱砂开智,就是先生用毛笔蘸着朱砂,在学生的眉心处点一个"红痣","痣"与"智"谐音,象征着开启学生智慧。

击鼓明志,则是鼓舞学生求学的志气,要求学子在击鼓之时,心中默想着自己的理想和抱负,用洪亮的鼓声,来展示远大的志向。

启蒙描红,则是先生先写好一个字,让学生描红,来书写入学的第一笔。通常先生会写下"人"字,因为这个字笔画简单却寓意深远,让学生能够描好这个字,是希望学生能在以后的人生阶段学会做人,像先生教导、前辈期望的那样,成为一个堂堂正正、顶天立地的人。

朱砂开智

击鼓明志

启蒙描红

古代的图书长什么样

清朝末年，《老残游记》的作者刘鹗，客游京师，住在朋友王懿荣的家里。王懿荣生病了，让人去抓中药，药方中有一味"龙骨"。王懿荣和刘鹗不经意间发现龙骨上居然刻着一些有规律的刻痕，经过仔细研究，他认定这些刻痕不是随意刻的，而是古代的一种文字。甲骨文就这样被发现了，那些刻着甲骨文的兽骨、龟甲，也就成了人们现今能见到的最早的图书雏形。

现存的甲骨，多出土于河南安阳的殷墟，主要是商代王室占卜的卜辞，以及一些诸侯进贡、战争、狩猎等大事的记录。甲骨虽然每片单独记事，但也有中间钻孔，串联成册，有次序存放的痕迹，所以可以认为它们就是我国早期的书籍。

金石铭文

从商周时期，到春秋战国，古人也常在青铜器上铭文来记录大事。这种铭文被称为"金文"，而铸有金文的青铜器，在某种程度上来说，也起到了书籍的作用。比如，清朝末年陕西出土的毛公鼎，上面就铭刻了将近五百个字，记录了周宣王委任毛公管理事务，告诫他要勤政爱民、修身养德，并赏赐了他一些器物。

春秋时期，晋国有位叫范献子的大夫，制定了一套刑法。后来，他的继承者赵鞅、荀寅等卿大夫，为了宣传这套刑法，就铸造了一座大鼎，将法律条文铭刻在上面。这座"刑鼎"，就相当于当时的法律书籍。

除了青铜器，石碑、石壁也是古人记录大事的工具。秦始皇巡游东海时，就让丞相李斯作文刻碑来宣扬自己的丰功伟绩。

简 册

汉代以前，简册是最常见的书籍形式。它以竹片、木片为书写材料，由丝麻绳索连接成册，写完之后以末简为轴卷起来收藏。一般简的宽度为五到十毫米，长度二十到七十厘米，每册的简数不一，由内容多少和携带的需求而决定。可以写几行字的宽木板，被称为"牍"，而简和牍的长度通常在一尺左右，所以简册又有"简牍""尺牍"之名。

简牍虽然比甲骨、金石有了较大的进步，但阅读起来还是不太方便。孔子学《易经》的时候，因为经常翻阅简牍，就多次导致连接简片间的皮绳断裂，所以才有了"韦编三绝"这个成语。据说，秦始皇每天批阅的简牍文书，重一百二十多斤；西汉时，东方朔给汉武帝写了篇文章，用三千片竹简，两个大力士费尽力气才将其抬进宫中。

帛书

古人有时也用柔软的丝帛作为书写材料,相比于简牍,帛书轻巧、易于携带。《国语》中就有"越王以册书帛"的记载。《汉书·苏武传》中也有,"言天子射上林中,得雁,足有系帛书"。

不过,帛书虽然轻巧,但造价昂贵,不是普通人能够用得起的,所以从古至今它一直存在,但使用范围不广。

纸书

西汉时期,纸张出现,并开始被当作书写材料。东汉时,蔡伦改进造纸术,纸张普及,纸书也就成了书籍最普遍的形式。不过,最初的纸书,还不是大家现在看到的样子。

也许是因为长期阅读简牍、帛书养成的习惯,人们用纸书写后,在很长的一段时间里,依然习惯将其卷起来。所以,最初的纸质书籍形式是卷轴装,即把若干张纸粘成长幅,在书卷的末尾(左侧),粘上一根轴,将书卷从左到右卷成一束。从魏晋南北朝到隋唐时期,人们一直阅读这种书籍,如敦煌地区出土的唐代写本,大多都是卷轴的形式,所以才被称为"写卷"或"卷子"。

唐代之后,又陆续出现了其他装帧样式的书籍,如梵夹装、经折装、旋风装等,它们的共同特点,就是将写有文字内容的纸张夹在中间,用硬纸板或木片等作为封面来保护内容。

宋代以后,随着印刷术的发展,蝴蝶装、包背装等册页形式装帧的书籍开始流行。蝴蝶装,就是不用线订,将印有文字的页面对折,粘贴在包背纸上,书籍翻阅时,对页就像打开的蝴蝶翅膀。包背装与蝴蝶装类似,只是对着页面时,字面朝外,背面相对,书页呈双页状。

明朝中期,又出现了线装书,即用线将书页连同前后书皮装订在一起。这种装帧方法,一直到今天还在沿用。

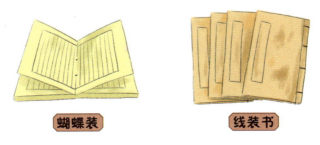

古代的学校是谁建的

社会发展离不开文化传承，所以当人们需要公开传授知识时，学校便应运而生了。

先秦时期的学校

在不同的时代，学校有不同的名字。夏朝时统称为"校"，商朝时统称为"庠"，周朝时统称为"序"，都是教习射御、传播知识的场所。

先秦时，生活在国都里的人称为"国人"；设立在周王城和诸侯国都里的学校，称为"国学"；在国都之外各地设立的学校，称为"乡学"。国学和乡学，教授的内容类似，供不同地方的贵族子弟学习，而普通的民众是没有资格进入公立学校读书的。

为了"行礼乐，宣德化"，各国还设有"大学"。由天子设立的大学称为"辟雍"，辟雍取"圆如璧，雍以水"之意，建筑整体为圆形，围有水池，象征效法上天，教化流行。由诸侯设立的大学，规格亚于天子，三面环水，称为"泮宫"。

孔子开创私学

西周以前，教育为贵族所垄断，平民根本没有求学的机会。直到进入东周，原有制度日趋崩坏，等级观念开始弱化，普通民众通过学习改变命运的欲望也越来越强烈，私学就产生了。一般认为，孔子是我国历史上创办私人学堂的第一人。

孔子年轻的时候，做过管理仓库和牛马的小吏。三十多岁时，他招收弟子，教授礼乐知识。因为他知识广博，为人仁爱，所以北到燕，南到楚，东到齐，西到秦，各个诸侯国立志学习的人，都闻讯赶来拜师。孔子主要从文才、品行、忠诚、守信等方面教育弟子，具体的内容则包括《易》《书》《诗》《礼》《乐》《春秋》"六艺"。

稷下学宫

战国时，各国为了吸引、培养人才，纷纷创办高等学府，其中最出名的是齐国在国都临淄创立的"稷下学宫"。"稷下"即临淄城的稷门附近，学宫虽由官方创办，但主持者往往是当时知名学者。《史记》中记载，齐宣王时，稷下学宫达到鼎盛，有学者数千人，其中邹衍、淳于髡、田骈、慎到等七十六人，都是出类拔萃的大家。

两汉时期的太学

太学，是汉武帝接受董仲舒建议，在京师长安设立的全国最高教育机构。太学中设有五经博士，为学生讲解《易经》《诗经》《尚书》《礼记》《春秋》等儒家经典。太学里的学生称"博士弟子"，最初只有五十人，后来不断扩招，汉元帝时有博士弟子千人，到了汉成帝时增至三千人。

王莽统治后期，天下动乱，太学一度荒废，东汉建立后，光武帝重开太学，后来汉明帝还亲自到太学里讲学。东汉时，太学里的学生称"太学生"，他们除了学习知识，还经常参与政事。汉桓帝时，陈蕃、李膺等朝臣，反对宦官的黑暗统治，就得到了很多太学生的支持。

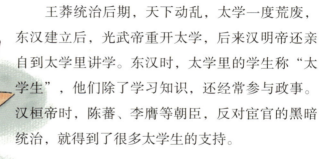

国子监

国子监与太学一脉相承,晋武帝司马炎最早设立国子学,隋炀帝时改为国子监。自此以后,国子监便成了全国最高教育机构,以及全国官学的最高监督机构。国子监教授经学、史学、文学、律法、音乐、算术等多门知识。唐朝的韩愈就做过国子监的最高领导——国子监祭酒。

宋朝时,大文豪苏轼曾担任国子监举人考官。这可是个美差,专门负责为监生们出考试题。不过,有次他出了个"不合时宜"的考题——让学生们讨论"独断专行"的坏处,这可把当时正在独排众议推行变法的宰相王安石给气坏了。王安石一怒之下,罢了苏轼的官,将他流放到外地去了。

鸿都门学

历史上,汉灵帝是个典型的昏君,将朝政搞得一塌糊涂,导致天下大乱。不过,另一方面,他也是位很有才学的艺术爱好者。为了推广自己热爱的书法、美术等艺术,他专门下诏,在京城洛阳的鸿都门下设立了我国历史上第一个官方艺术院校——鸿都门学。

在鸿都门学里,学生们不用背诵四书五经,而是专门学习辞赋书画。虽然这个学校存在的时间不长,却培养了很多著名的书法家、画家。

书院

唐宋时期，科举取士规模扩大，朝廷鼓励民间办学，各地出现了很多"书院"。其中，应天府书院、岳麓书院、白鹿洞书院、嵩阳书院被誉为"四大书院"。

这些书院一般由著名学者私人创建或主持，如应天府书院，本名"睢阳书院"，五代时由杨悫创办，到了宋代人才辈出，这才被宋真宗升格为"应天府书院"。范仲淹在商丘时，被知府晏殊聘用，曾主持该书院。

古代学生也有假期

现在的学生,每周可以休息两天,每年能享受漫长的寒假、暑假。那么古代的学生呢,他们也有假期吗?

先生说了算

古代的很多私塾,并非是全日制。假期如何安排,完全是先生说了算,学生有了私事,也可以随时请假。就像孔子的很多弟子,都是一边跟着老师学习,一边还得维持生计。对孔子传道资助很大的子贡,则是边求学,边经商,偶尔还做官。

在孔子看来,学习不单单包括学书本上的知识,只要能助人成长,耕地、经商、做官都包括在学习当中。所以,学期和假期本就没有界限。有一次,子贡学习累了,就问老师:"夫子啊,我什么时候能休息呢?"孔子登上山丘,指着地上凸起的坟头,对他说:"生无所息。"也就是,活到老,学到老。

农闲时才上学

中国古代是农业社会,有时私塾先生也要耕种,有的家长需要孩子农忙时到田里帮忙。所以,学期只安排在农闲时,其余时间都是假期。

据汉代崔寔《四民月令》记载,当时小学教育的入学时间,基本安排在"正月农事未起、八月暑退、十一月砚冰冻时"。这三个节点,都是没有农活,可以安心学习之时。

当然,各朝代的规定和习俗都有差异,教学安排各不相同。南宋的陆游曾说"农家十月,乃遣子弟入学,谓之冬学"。清代嘉庆年间的《义学条规》中则规定"长不辍耕,幼不辍读,暑日休务者,薄其饩廪",也就是说,即便到了夏日,也不能停止教学,私塾先生若给学生放假,是要扣薪俸的。

太学生的假期

自汉武帝兴建太学开始，就为太学生们安排了固定的假期，一般来说有三种是各朝通行的：旬假、田假、授衣假。

旬假，每十天休息一天，一个月共休三天，可以让太学生们在紧张的学习中放松一下。

田假，即农忙假。每年麦子成熟时，给学生一个较长的假期，让他们回家帮助家人收麦。《新唐书·科举志》记载，"每年五月有田假"。田假有一个月左右，如果学生离家较远，还可以申请延长假期。

授衣假，在农历九月，天气转凉时，让学生们可以回家探亲，同时添加衣物。授衣假时间也较长，约有一个月。唐代诗人张籍有诗句，"初当授衣假，无吏挽门铃"。

层层选拔的科举考试

《儒林外史》中有个著名的情节——范进中举。范进苦读一生，五十多岁才中秀才，为了考举人，他四处借钱凑盘缠，尝尽冷眼，等到忽然听说自己中了举人，激动得无法控制，竟高兴疯了。那么，古代的科举考试，真的有那么难吗？

科举制度

汉朝时，朝廷选拔人才，实施的是"察举制"和"征辟制"，即由各地方官举荐有才能的人，然后朝廷进行考察，量才授予官职。魏晋南北朝时期，施行"九品中正制"，由朝廷专门任命的官吏，按出身、品德考核民间人才，分为九品录用。这两种制度，都存在很大的弊端。出身高、门第好的人，近水楼台先得月，而真正有才学的贫民子弟往往成为遗珠，出现"上品无寒门、下品无士族"的现象。

为了让出身寒门的人才也能脱颖而出，为国家效力，在隋炀帝大业年间，朝廷设立进士科，以才能和考试成绩来进行官员选拔。这就是科举制度。

自隋唐，至宋元，科举制度一直在不断发展完善，各个朝代的考试层级、考试科目、考试内容、考试形式等，都有所不同。到了明清时期，科举制度已经非常成熟，考试主要有童试、乡试、会试、殿试等层级。

童试

童试,即童生试,相当于一种成为读书人的资格考试。考生为还没有进入官方学校的学生,称为"童生"。只要没有通过考试,哪怕几十岁的老汉,也叫童生。

童生要先参加"县试",由当地知县组织,再参加"府试",由当地知府组织,最后参加院试,由学政组织。三次考试都通过之后,获得"生员"身份,成为秀才,这才算是真正的读书人。

秀才,虽然还不能直接做官,但已经有了一些特权,包括免除部分税赋、免服徭役、见官不用跪拜等。清朝的法律规定,秀才在司法上也享有特权,如顺治九年(1652年)颁布的"训士规条"称,秀才触犯法律,地方官不能直接惩处,得先报告给学政,等到革除生员身份后,才可治罪;秀才牵涉诉讼案件时,也需给予照顾,不能和普通民众一样,进行责打。

乡试

普通人通过童试，获得秀才身份以后，就可以参加乡试了。乡试，可不是在"乡镇"举行，而是要到省城，甚至京城考试，由皇帝钦命的考官主持，每三年才举办一次。因为，明清两代的乡试，多在秋季举行，所以也叫"秋闱"。

除了普通的生员，贡生、监生等也有参加乡试的资格。贡生指成绩、资格优异而被地方官员推荐给朝廷，进入国子监读书的人；监生，也是在国子监读书的人，不过通常特指那些通过恩监、荫监、捐监，也就是承祖辈福荫或捐纳财物进入国子监的学生。

乡试主要考四书五经、策问、八股文等内容，考中便获得举人资格，其中第一名称为解元。中了举人以后，一般就可以担任县丞等地方官吏，还可以享受比秀才更大的司法豁免及免除赋税等特权。不过，中举可不是件容易事，整个清朝二百六十多年，一共才有十五万人中举，全国每三年还不到两千人。所以，也难怪范进中举，会兴奋得发疯呢！

会试

较乡试更高一级的考试是会试。会试，就是举人们会师京城参加考试。因为常在春季举办，又称为"春闱"。

明清两代，会试每三年举办一次，通过者称为"贡士"，其中第一名为"会元"。中了贡士以后，便有资格参加殿试了。

殿试

殿试是科举考试中最高的一级，又称"御试""廷对"等，是皇帝亲自对贡士进行的测试考验。历史上第一场殿试，由唐高宗开创，他亲自在大殿中主持考试，选拔贤才。只是，这次殿试规模并不大。武则天于称帝之前，在洛阳策问天下贡士，上万考生汇聚神都，一连考了几天，自此"殿前选士"的制度便一直沿袭到清朝末年。

明清时，殿试只考策问，即以经义或时事等设问，要求考生予以解答。根据策问结果，将所有通过的考生分为三级，即三甲。一甲三名，赐进士及第，通称状元、榜眼、探花；二甲赐进士出身；三甲赐同进士出身。这三种统称为"进士"。

进士中一甲的三人，试后立刻授予官职，状元授翰林院修撰，榜眼、探花授翰林院编修。二甲、三甲的进士，则还要参加一次专门考核做官能力的"朝考"，根据朝考结果，授予主事、中书、行人、知州、知县等不同官职。

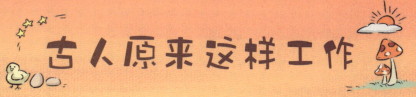

古人原来这样工作

"鸡既鸣矣,朝既盈矣。"公鸡啼鸣,古人起床穿衣,开启了忙碌的一天。

身居高位的皇帝、记录史实的史官、地位低下的商人、救死扶伤的医生、勇闯天涯的镖师……他们各司其职,在日复一日、年复一年的工作中,共同推动了历史的车轮向前。

古代皇帝的职场生涯

公元前221年,秦朝统一六国。秦王嬴政认为自己至高无上,自称"始皇帝","诏""敕令"等也成为皇帝的专用语。那么,古代皇帝如何"工作"呢?

危险的龙椅

皇帝的工作繁忙,要听政事、批奏章,有时还要出巡考察,甚至还要御驾亲征。干得好,官员们都信服,百姓们安居乐业,他的龙椅自然坐得稳;但众口难调,难免会出现反对的声音。当皇帝,有时还会有生命危险!

秦始皇在位期间,常离开京城到各地巡视。在一次"出差"期间,他遇到了刺杀,刺客用一个大铁锤将车砸坏了。幸运的是,这位刺客砸错了车,秦始皇才幸免于难。秦二世昏庸无道,公元前209年,陈胜和吴广发动大泽乡起义,反抗秦朝的统治,将朝廷搅得天翻地覆,秦二世最后被大臣逼死。

皇帝也要领"工资"

虽然说整个国家的都是皇帝的,但有趣的是,有些皇帝每个月都能领取"工资"。北宋时,几乎每位皇帝每个月都能从左藏库——古代国库之一——领取一千二百贯"好用"(工资)。在北宋,一千二百贯钱大概价值一百二十两(1斤=16两)黄金呢!看来,当皇帝的确是一份高薪工作。

找个"秘书"

想成为一个好皇帝,皇帝们必须要像上足了发条的钟表一般忙碌。不过个人精力有限,为了让如此庞大的"公司"正常运转,皇帝会招一些能干的"员工",并与其通力合作。

丞相这一官职,最早出现在战国时期,负责为皇帝出谋划策。明太祖朱元璋本来也有个丞相,叫胡惟庸。可是这位丞相勾结权贵,培养心腹,最后被朱元璋以谋逆罪处死。经此一事,朱元璋决定废除这个职位。然而,少了一个帮手,落到皇帝头上的事务就变多了。据记载,朱元璋曾在八天内批了一千多份奏章,处理了三千多件国事!最后,朱元璋想了一个办法:设殿阁大学士,作为自己的"秘书"。明成祖朱棣继位后,选择有能力的大臣入文渊阁当值,让他们按照自己的意旨,处理重要的政事。因为文渊阁在内廷,所以又称"内阁"。

皇帝也会开"例会"

明朝时,有些皇帝每天清晨到奉天门(太和门)接受臣子的朝拜,并处理政事。这种仪式叫"御门听政",因为发生在清晨,所以又称"早朝"。到了清朝,御门听政已经成为一种规制。从康熙皇帝开始,御门听政于乾清门进行。每日拂晓,文武百官排队来到乾清门,依次向皇帝递上奏折,听取皇帝的意见。当然,皇帝也要早起。比如,康熙每天早上四点起床,"未明求衣,坐以待旦",大意是穿好衣服,坐着等待天亮。

清朝末年,外国列强侵犯中国,清廷内部一片混乱。1911年,辛亥革命爆发。次年,宣统皇帝爱新觉罗·溥仪被迫退位,但仍然住在皇宫中。1924年,他被废除皇帝称号,迁出皇宫。从此,"皇帝"这一职业消失在历史长河里。

当个史官不容易

夏商时期,巫师兼任史官,负责记录朝中大事。周王朝建立礼乐等级制度,设立史官。当时各诸侯国,甚至某些臣子家里也都有史官。史官们修撰前代史书,搜集记录当代史料,编写成书。

记录真相的双手

每个人都希望自己的好名声永远流传下去。而史官的工作,就是客观地记录国家大事、帝王言行——包括记录那些不好的。有些史官为了干好这份工作,记录历史真相,甚至丢了脑袋。

春秋时期,晋国史官董狐坚持正义,为了记录历史真相,甘愿冒生命危险,被后人称为"董狐直笔"。齐国一位史官及其二弟因记录真相被杀,可他的三弟依旧要如实记录,彰显了史官的气节。

坚强的史官:司马迁

早在秦朝,就出现了太史令这个官职。汉朝保留了这个职位,司马迁的父亲就曾担任此职。司马迁在二十八岁时接过了父亲的"接力棒",当上了太史令。李陵败降后,司马迁替李陵说了几句话,结果被皇帝下令处以宫刑。他忍辱负重,花费十多年,最终写出了中国第一部纪传体通史——《史记》。

修史也有规范

唐朝十分重视修史这件事,不仅制定了更加规范的史官制度,还设立了专门的编修史书的机构——史馆,将优秀的人才聚在一起修史。唐朝沿袭了隋朝的制度,设置了"起居舍人"这个职位,专门记录皇帝的起居言行。

在唐朝,参与修史的人还能获得奖励。比如,房玄龄因为编过《高祖实录》,被"赐物一千段";令狐德棻因为编修《周史》,被"赐绢四百匹"等。

宋朝的史馆机构分工更加明确,将前代史籍进行校勘后,"未有印板者,悉令刊刻"。此外,宋朝史实档案保存流程规范,档案逐级报送,环节严谨完善,许多宝贵的史书因此流传下来,如司马光主持编纂的《资治通鉴》。

"兼职"修史

明朝不仅没有专门的修史机构,还取消了记录皇室起居的官职。记录皇帝起居、编修历史、管理史事等工作,都由翰林院负责。然而,翰林院的官员还要帮助皇帝分析时政、提供治国方略、草拟诏令等,事务繁多。对他们来说,修史或许只是一门"兼职"罢了。

古代商人的烦恼

很久以前,有一个叫"商"的部族,这个部族的人很擅长做生意,经常带着货物,到处和其他部族的人交易。其他部族的人,也就将做买卖的人称为"商人"。

商人的地位低下

春秋时期,家庭手工业发达,做生意的人越来越多。统治者担心资金流到商人手中,会影响社会稳定,便打压商人。齐国政治家管仲把百姓的职业划分为"士、农、工、商"四大类,其中,"商"(商人)是最低贱的。

战国时期,商鞅提出了"重农抑商"的主张——耕种田地才是大事!秦朝颁布"七科谪",强制包括商人以内的七类人都服役——就连商人的孙子都逃不掉服兵役的命运。

西汉早期,汉高祖为了恢复农业生产,让农民回归土地,不仅向商人征收巨额赋税,还颁布了"贱商令",规定商人在平时不能穿丝织品制成的衣物,不能乘车、骑马,本人及其子孙都不能做官。

买官之风

古代商人也可以提升自己的地位,但所用方法却不那么正当。战国时,秦王为了赈济灾民,下令"百姓纳粟千石,拜爵一级"。这个政令,让那些有钱但没地位的商人十分欢喜。统治者通过出卖官职来搜刮钱财的行为,被称为"卖官鬻爵"。

汉朝时,卖官鬻爵之风盛行,朝廷甚至给出了明确的价码,如汉文帝时期,朝廷曾规定:"令民入粟边,六百石爵上造,稍增至四千石为五大夫,万二千石为大庶长。"清朝时,卖官鬻爵被称为"捐纳"。捐纳所得银两,甚至成为清政府的重要的财政来源之一。尤其是清朝晚期,捐纳名目众多,很多商人因此走上了官场,但其中有不少人在任上四处搜刮钱财,加重了吏治腐败问题。

近代商人的转机

清朝晚期,西方列强用枪炮打开了中国的大门,朝廷开始大力发展民族工商业,以发展经济、抵御外敌。传统的士农工商观念开始改变,商人的地位越来越高。在这段时期,出现了很多优秀的商人。比如,著名商人张謇,主张"实业救国",创办大生纱厂与垦牧公司,为中国近代民族工业做出了贡献。

妙手回春的古代医生

远古时代没有专职医生，只有巫医——巫医一般用祝祷的方法来治病，有时兼用药物。春秋战国时期，"巫"和"医"已分开，还出现了专业的医疗队伍。那么，古代的医生是什么样的呢？

杏林春暖

如今，人们常以"杏林"指代中医界，用"杏林春暖"来称赞医生的仁心仁术。而"杏林"一词，其实来源于三国时期的一位医生：董奉。在《神仙传》中，详细记录了董奉的故事。

董奉精通医术，隐居于庐山之中。他看病从不收诊金，只要求病人在痊愈后，在他的屋子旁边种杏树——得了重病的种五棵杏树，病症轻的就种一棵杏树。数年后，杏树成林。董奉在杏林之中，建造了一个谷仓，告诉当地百姓，人人都可以来摘杏，只需将相同价值的粮食放进谷仓中。慢慢地，谷仓中堆满了粮食，董奉又用这些粮食来救济贫苦的百姓。董奉的医德为人传诵，杏林的故事也流传开来。

儒医之风

宋代之前，医生虽然受人尊敬，但社会地位并不算高。宋代时，因为统治者极其重视医学：不仅建立了世界上第一所药局，还组织专人重新修撰医学著作，所以医生的地位得到了大幅提高。北宋政治家范仲淹曾说："不为良相，便为良医。"

在这样的社会背景下，有不少读书人弃文从医，还有人一边当官，一边悬壶济世。这类群体被称为"儒医"。儒医之风在宋代十分盛行，许叔微、高若讷、孙奇等都是当时有名的儒医。他们不仅为人看病，还将行医经验写成书籍，推动了医学的发展。

李时珍也属于儒医，但是在他所处的朝代（明朝），医生的地位比较低。当时，几乎所有读书人都想通过科举考试，谋取一官半职，光耀门楣。李时珍屡次落第后，不得不选择"下下策"——行医，结果最后变成了一等医生。他四处搜集民间单方，到野外考察药材，花了几十年时间，最终完成了医药学巨著《本草纲目》。

跟着镖师勇闯天涯

明朝时，商品经济蓬勃发展，需要长途运送货物或钱财的人越来越多，可人身和财物安全难以得到保障。所以，守护财产和人身安全的职业——镖师应运而生。

镖师是个多面手

一名合格的镖师不仅要有高超的武艺，在危险面前英勇无畏，还要灵活运用水战、车战、马战、步战、夜行等五大战术，有勇有谋。一些大镖局，比如清代同兴公镖局，会在镖车上挂上自己的旗帜，也就是警告匪徒：镖局的实力不容小觑，贼人最好知难而退。

镖师们还要掌握暗语行话。有些镖局的负责人会定期拜访常走镖道路附近的盗匪，打点好关系。日后若是遇到，盗匪们或许会给些面子，不与该镖局发生冲突。

镖局的生意

清朝末年,战乱频繁,动荡不安,盗匪横行,就连广东巡抚黄恩彤都曾被强盗抢劫,更别提普通百姓了。在这一时期,大大小小的镖局迅猛发展起来,有钱的商人出门大多会雇佣镖师,确保人和货物的平安。

山西省的同兴公镖局曾接过一笔"大单"。八国联军攻打北京时,慈禧太后和光绪皇帝带着九十多万两白银,一路向西逃跑。途经山西省时,慈禧太后请同兴公镖局随行护送,当时的总镖头王树茂接下了这一单,并将银两成功送至西安。此后,同兴公镖局的名声大噪。

镖局的没落

1823年,中国第一家票号银行——日升昌票号成立,各地"票号"兴起。商人们凭借一张银票,就能够在各地票号提取现金,无需携带现银。淞沪铁路、京张铁路开通后,运输方式更加安全,镖局的门庭就渐渐冷清了。此外,盗匪们的武器越来越先进,"火器盛行,武技见绌矣"。随着最后一家镖局——会友镖局的解散,镖师这个职业也消失了。

失业的镖师们只能凭借本事,另谋出路,有的购置田地做起了地主,有的选择去做私人保镖,有的则选择为国家做贡献。比如曾在会友镖局里工作多年的李尧臣,开设了"武术茶社",还在抗日战争期间,教士兵们刀法,抵抗日寇侵略呢!

古人原来这样社交

姓和氏，不是一回事，名和字，也不是一回事。在姓名之外，古人还有各种各样的"号"。而且，在不同的场合，面对不同的对象时，古人称呼自己和别人都是很有讲究的。听起来，是不是有点乱？

古人的社交，的确稍显复杂，不过非常有趣。一个称呼，就能显示彼此之间的关系；一个动作，就能体现交往时的态度。由小见大，见微知著，这就是传统礼仪文化的魅力之所在。

古人的姓氏和名字

我们的姓名由两部分构成：姓氏和名字。但在先秦时期，有姓，有氏，有名，有字，它们各不相同。

姓和氏不同

姓氏可以追溯到母系氏族时期，所以很多上古的大姓都为"女"字旁，如"姬""嬴""姒"等。同一个姓，代表大家有共同的祖先。后来，子孙们分流向各地，又有了各自的"氏"。

古人的"姓"无法改变，而"氏"却是可以更改的。比如，春秋末期，晋国智氏的族人智果，劝谏家主不要立无德的智瑶为继承人，却遭到拒绝。智果预测智氏将来必有灾祸，便请求太史，将自己的一支族人改为辅氏。果然，智氏灭亡时，只有辅果一支得以保全。

氏的来源

《百家姓》中的姓，多是由古人的"氏"演变而来的，而氏的来源非常多样。有的是根据国名、地名演变而来，如赵氏的祖先造父，封地在赵城，于是后代便以"赵"为氏；魏氏的祖先毕万，被赏赐魏地，后代便以"魏"为氏。

有些公族大夫的旁支，为了显示高贵的身份，便以"公孙""公叔"为姓氏。著名的改革家商鞅，就是卫国公族旁支，本名公孙鞅。他后来被赏赐商地，号商君，才被称为商鞅。

有的以祖辈的字作为氏。比如，郑国大夫公孙舍之，字子展，他的后人便以"展"为氏；孔子的祖先宋国公子嘉，字孔父，所以后人便以"孔"为氏。

还有的氏，是由居住地演化来的。比如，鲁庄公的儿子遂，住在国都东门附近，便以"东门"为氏，称东门遂。齐国的公族大夫，有住在城南的，便以"南郭"为氏，有住在城东的，便以"东郭"为氏。

称姓，还是称氏

先秦时期，男子一般是不称姓的。比如，孔子是宋国公族后代，子姓，孔氏，名丘。人们称其为"孔丘"，而不称其为"子丘"。赵武灵王，嬴姓，赵氏，名雍，人们称其为"赵雍"，而不称其"嬴雍"。

不过到了战国末期，姓和氏的界限开始变得模糊，人们的用法也灵活起来。秦汉之时，姓氏基本合为一体，这才开始有了"姜尚""嬴政"这种以姓开始、并不符合先秦称呼规则的叫法。

名和字有别

古人有名有字，名与字不同。一般婴儿出生满三月，由父母为其取名。男孩到了成年，二十岁行加冠礼时，才拥有字；女孩十五岁行及笄礼后，取字。字与名之间，一般存在关联，如孟轲，字子舆，"轲"与"舆"都指车子。

古人取字，往往带着"伯""孟""仲""叔""季"以显示排行。字中带"伯"或"孟"的，一般为家中老大；带"仲"的为家中老二；"仲"下称"叔"；排行最小的称"季"。如司马懿在家里排行老二，所以字"仲达"，他的哥哥司马朗字"伯达"。

名和字该叫哪一个？

古人的名主要用来自称，或供长辈使用，直接呼人名是不礼貌的表现，而谈到别人时称"字"则有尊重的意味。比如，《三国演义》中刘备在向别人介绍自己时，可以说"在下刘备……"而向人介绍关羽时，就要说"这是我二弟关云长"。当然，如果是专门为了表示蔑视，也是称名的，比如张飞向吕布挑战，就大喊"吕布小儿"，而不是敬称其字"奉先"。

不过，两个人之间如果很熟悉的话，同辈之间也可以称名。比如，《论语》中，孔子问子贡："女与回也孰愈？"子贡回答："赐也何敢望回。"颜渊，名回，字子渊，孔子是长辈称其为回，子贡为同辈也称其为回。

古人各式各样的"号"

除了名和字,古人还有"号",而且很可能不止有一个"号"。有的号是自己取的,有的号是别人送的,有的号是称赞,有的号是讽刺,还有的号是死后才得到的。

谥号的含义

我国古代,天子、诸侯或有名望的大臣去世以后,人们会根据他平生的品行、功绩等对其进行评价,给予一个称号——谥号。

有的谥号有褒奖之意,如"文",表明这个人或慈惠爱民,或有经天纬地的才能,或德行高、学问好;有的谥号含贬义,如"厉",说明这个人要么残忍好杀,要么刚愎无礼,没人亲近。

周文王因有经天纬地之才,而得到了"文"的谥号。

曹操平定天下动乱,所以谥号为"武"。

晋厉公因为杀戮无辜,所以被谥为"厉"。

谥号如何确定

君主的谥号,一般由朝中大臣议论之后确定。春秋时的楚共王去世之前,对大臣们说:"我没有德行,让国家打了败仗,蒙受耻辱,就给我'灵'或'厉'这样的谥号吧!"不过,大臣们商议之后,认为他为人谦恭有礼,又知道自己的过错,于是给了"共"这个谥号。"共",即"恭"。

大臣的谥号，一般由朝臣商议，然后君主拍板确定。比如，西晋重臣贾充，做了很多有损德行的事。他死后，群臣为其商议谥号，博士秦秀认为贾充扰乱法度、违背道德，应该谥为"荒"。皇帝司马炎却不同意，最后给了一个"武"的美谥。

年号

年号是古代帝王用来纪年的一种名号。据清代赵翼的《廿二史札记》考证，汉武帝十九年（公元前122年）时，创建了我国历史上第一个年号"元狩"，此后历代帝王为了区别前任帝王，都有自己的年号。

有的皇帝比较"专一"，上任时取了年号，便一直沿用到退休。譬如，明朝的"景泰""崇祯"，清朝的"康熙""乾隆"等，这些皇帝只用一个年号，所以后人也习惯于用年号来称呼皇帝。有的皇帝则比较随意，发现什么征兆，遇到什么大事，都会改换一下年号。譬如，汉武帝有一次外出狩猎，捉到一只白麟，认为这是吉祥的征兆，值得纪念，于是创建年号为"元狩"。过了几年，山西挖出一只三个脚的大鼎，汉武帝又觉得是好征兆，于是改年号为"元鼎"……

自号

就像今人喜欢取笔名、网名一样,古人有时也会在名字之外,给自己取个更响亮的"号",来提高自己的知名度,或显示自己的志向。

古人自号,多依据出生地或居住环境而取,如诸葛亮,隐居之地有卧龙岗,而号"卧龙先生";南宋大儒吕祖谦,出身东莱吕氏,故号"东莱先生";陶渊明,因住宅旁边有五棵柳树,所以自称"五柳先生";苏轼被贬到黄州时,在城外的东坡上开荒,便自号"东坡居士"。

有的号显示了个人的抱负和意趣。比如,唐代诗人贺知章,为人豪迈洒脱,自号"四明狂客";北宋的欧阳修号"六一居士",是说有"一万卷书,一千卷古金石文,一张琴,一局棋,一壶酒,一老翁";李清照追慕陶渊明,故取其辞句"审容膝之易安"中的两字,号"易安居士"。

赠号

自号为自己所取,赠号则为他人所给。古人喜欢用轶事、趣事为人赠号,譬如,宋代词人贺铸,因为写了名句"一川烟柳,满城风絮,梅子黄时雨",所以被时人称为"贺梅子"。

有的赠号,来源于官职或籍贯。如东晋王羲之曾担任右军将军,所以被称为"王右军";杜甫曾任职检校工部员外郎,所以人称"杜工部";汤显祖是江西临川人,因此被称为"汤临江";李鸿章是安徽合肥人,所以人称"李合肥"。

绰号

绰号,也称诨名、诨号,也是他人所取,但一般和人的相貌、德行有关,有评价色彩。比如,《水浒传》中各位好汉的绰号,"及时雨"是称赞宋江慷慨大方,能救急解难;"黑旋风"是说李逵皮肤黝黑,性格粗犷;"智多星"说吴用机智过人,有计谋。

历史上有很多著名的绰号。如东汉时,董宣担任洛阳令,湖阳公主的家仆犯法,董宣秉公执法,将其处死。公主到光武帝那里告状,光武帝大怒,命董宣向公主道歉。董宣不认错,光武派人按着他叩头,董宣挺着脖子不服从,因此得到了"强项令"的绰号。

北魏时,有个叫拓跋庆智的人担任太尉主簿,他为人十分贪婪,不给钱,就不办事。所以,人们称其为"十钱主簿"。南朝有个叫鱼弘的人,做地方官贪婪无厌,残害百姓,以至于"水中鱼鳖尽,山中獐鹿尽,田中米谷尽,村中民庶尽",故人称"四尽太守"。

古代交往中的谦称和敬称

中国是礼仪之邦，人们的一言一行都非常看重礼节。古人在交往中，用谦称来代表自己及家人，而以敬称来称呼别人。

君主的谦称

《战国策》中说："虽贵必以贱为本，虽高必以下为基，是以侯王称孤寡、不谷。""不谷""寡人"和"孤"，是古代帝王常用的三种谦称，都是为了表示他们不忘根本，不敢居高自傲。

其中，"不谷"一词的来源，据《逸周书》记载，是周文王时，周地连续三年发生了大灾荒，文王召集群臣，自责地说："不谷不德，政事不时，国家罢病……"由此可见，不谷就是君主谦称自己德行有失，导致天降灾祸，使百姓挨饿。

"朕"原本是个中性词，在先秦时期，人人都可以称"朕"，"朕"就相当于"我"。但秦始皇以后，"朕"字就逐渐变成了君王自称的专用词。

"我"的不同说法

古人对"我"的说法，可谓光怪陆离，千奇百样。谦称自己时，称"敝人""鄙人"；敝处，指自己的居所；鄙见，指自己浅陋的意见。

古人为了表示自己才德有限，有时会自称"不才""愚"等。比如，见到比自己年纪稍小的人，称"愚兄"；古人对比自己地位高的人，自称"卑""仆"或"在下"，如司马迁在《报任安书》中说，"仆非敢如此也"，江淹的《恨赋》中有"仆本恨人"。

此外，因身份不同，谦称也要随时而变。比如，读书人面对师长、前辈称"末学"；皇后、妃子对人称"本宫"；高官称"本府"；和尚可称"老衲"；太监多称"咱（zá）家"……

如何敬称对方

古人对品行可敬、有一定地位的人称"阁下"或"尊驾"；对有学问的人，称"夫子"或"先生"。面对年纪比自己小的同辈，可称"贤弟"；对于年纪高于自己的人，则称"仁兄"。

古人还常以"足下"相称，据说这个词来源于春秋时代。晋文公在外流浪时，有多位贤士追随，等到他回国继位以后，厚赏随从们，只有介子推不愿受赏，躲到了深山里。为了逼迫介子推出来，晋文公下令放火烧山，哪知道山火势大，一下竟将功臣烧死在里面。

介子推死时，靠着一颗大柳树。晋文公出于自责，便让人将柳树砍下，做成木屐。每当他看到木屐的时候，便想到介子推，就会说："悲乎，足下！""足下"一词遂由此而来，并逐渐演变成了人与人之间的敬称。

古人如何打招呼？

在古代有学问的人，一般不会突兀地与人打招呼。如果想结识对方，会请中间人介绍，然后依礼上门拜访。所以，打招呼之前，也是要做一番功课的。

士人相见

《礼记》中，详细地记载了士人之间相见的礼仪程序。相见之前，中间人一定要沟通好相见的日期和时辰，以免主人久等或客人早到。

登门时，客人带着礼物，礼物通常冬季用野鸡，夏季用腊肉。见面之后，客人先开口："我早就想拜见，可惜没有门路。现在幸好有某某从中介绍，才有机会来见您。"主人则推辞："某某介绍您来见我，我愧不敢当。您不如这就回去，让我登门去拜访您！"

如此再三推让后，主人到门外正式迎接，对客人行再拜礼，客人回礼。主人站在门右侧作揖，引客人入门，客人奉上礼物，从左侧入门。

互赠礼物

古人见面，相互赠送礼物，是为了表示对对方的敬重。《孔子家语》中记载，一次孔子外出，在路上遇到了位老先生程子，孔子觉得他很有见识，便停车与其交谈。两人相谈甚欢，临走时，孔子吩咐子路送给程子一束帛。子路不同意，说："君子没通过中间人介绍就相见，是不符合礼的。"

孔子摇摇头说："程子是当世大贤，不赠送点礼物，就无法表达我的心意。况且我们这一别就不知道什么时候再见了。礼的最高境界就是不刻意追求礼数，礼是用来表达情意的，你不必拘泥陈说。"于是，将帛赠送给了程子。

揖礼致敬

古人见面，除口中寒暄，还以手势来表达敬意，即行揖礼。揖礼，即作揖，又称拱手礼，根据手臂摆动的不同，可分为天揖、时揖、土揖等。天揖用于祭礼、冠礼，拜见尊长等正式场合；时揖为同辈日常见面礼；土揖用于长辈或上司还礼。

天揖

土揖

时揖

女子见面礼

古时，女子也行揖礼，不过男女的揖礼是有区别的。男子作揖，左手在外；女子作揖，右手在外。

唐朝武则天当政时，制定礼仪，又创立了女子拜，即女子无须再下跪，拜姿改为正身直立，两手放在胸前，微微鞠躬，双腿微曲。因为女子行礼时，口中多说"万福"，这种礼仪便称为"万福礼"。万福礼方便而优雅，所以唐宋以后，它就成了女子与人见面时打招呼的主要方式。

万福礼

古人原来这样看病

中医源远流长，博大精深，早在两千多年前，古人就发展出了完整的医疗理论。他们用大自然中最常见的植物、矿石作为药剂，来医治疾病；用砭石、针灸等方法调理身体；他们还有丰富的养生和防疫知识。

可以说，古人的医学知识，一点儿都不落后；古代名医的治病技术，至今也让人叹为观止。

古人如何应对疫情

"疫,民皆疾也。"《说文解字》里简短的几个字,足以展示古人眼中瘟疫的可怕。它在人与人之间传播,男女老少都无法避免,严重时摧毁整个城市,甚至国家。历史上,瘟疫过后十室九空的记载数不胜数。那古人都是如何应对疫情的呢?

巫术——向鬼神求助

在很长的一段时间里,人们不了解瘟疫,对疫情也毫无办法,只能求助于鬼神。驱傩是古代最盛行的驱逐"疫鬼"的民俗活动。《后汉书》记载,每年腊日前,宫中都要隆重地举办"大傩",文武百官同时参加,以祈求来年没有瘟疫发生。

道教兴盛后,民间又有用符咒防止瘟疫的习俗。唐代的《酉阳杂俎》中说,当时"虎头符"尤为流行,人们家家在大门上画虎符,写"聻"字,认为这样就可以"息疫病"。

隔离——避免接触

早在春秋时代,人们就知道,与患传染性疾病的人,不能密切接触。通过隔离的办法,可以避免疫病的传播。

《论语》中记载,孔子的弟子冉伯牛染了"恶疾",孔子前去探望,伯牛并没有让老师进屋,而是隔着窗子与其交谈。孔子只能握着伯牛的手,不断感慨:"这就是命啊!老天为什么要让这样的人,得上这样的病呢?"

清代医学家陈耕道在《疫痧草》中也提到，去有疫病的人家诊治，不宜久留，不宜近坐，诊治时应该避免面对面，避免与患者直接交谈，更不能在病人家里留宿。

建立隔离医院

秦朝时，南方地区流行一种传染性疾病"毒言"，人们通过观察，发现它是通过唾液来传播的。为了控制这类疾病的传播，官府制定了相关法律，要求知情者应主动与患者隔离，不与他们一起饮食、交谈，不用同一器皿。此外，官府还建立了"疠迁所"，来专门收纳传染病患者。

西汉时，青州一带发生瘟疫，居民死伤无数，朝廷得到消息以后，借鉴"疠迁所"的做法，要求地方官府将患病百姓都安置到空房屋里，集中为其医治。

东汉时，朝廷派遣将军皇甫规领军讨伐羌人。皇甫规到了陇右前线，看到很多士兵在作战中受了伤，还有很多从中原来的士兵水土不服都病倒了，瘟疫也开始在军中流行，于是下令将染病的士兵统一安置在庵庐之中，使之与健康的将士隔离。

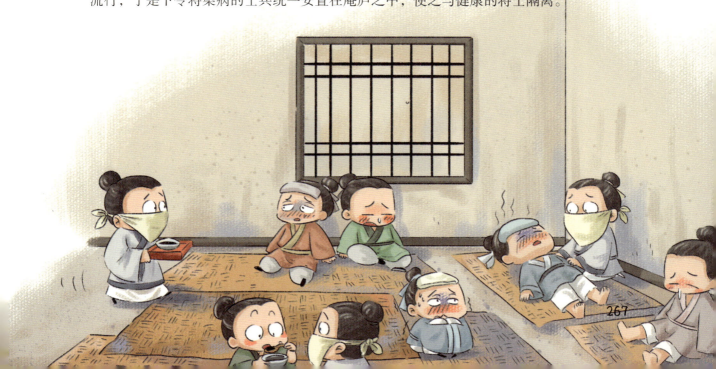

有病还得医药治

治疗疫病，仅仅靠隔离是不够的，关键在于用药。我国古代的医书中，记载了很多治疗疫病的药物和药方。比如，《医方考》中说，以大蒜塞鼻可以防瘟疫。

医圣张仲景亲身遭受疫病打击，其家族二百余人，不到十年间，将近半数死于瘟疫。所以在他创作的《伤寒杂病论》中，收录了很多与疫病有关的药方，譬如，"麻黄杏仁甘草石膏汤"可以治疗呼吸道感染，"茵陈蒿汤"能治疗黄疸及传染性肝炎。

官府施药

唐玄宗开元年间，朝廷下令，各地州府必须抄写陶弘景的《神农本草经》和《百医集验方》。这样一旦有疫情发生，官府就能即时照方抓药，分发给百姓了。到了宋代，朝廷又组织医学家编纂《太平圣惠方》《简要济众方》等药方大全，作为官府防疫和施药的指导。

北宋元祐年间，杭州爆发瘟疫，大诗人苏东坡正担任知府。他考察疫情之后，便参考《太平圣惠方》中的记载，亲自调配"圣散子"发给百姓。百姓吃了以后，瘟疫很快便得到了控制。

明朝嘉靖年间，京城里爆发了"疾疠"，明世宗朱厚熜在总结前人方剂的基础上，创制了"济疫小引子"方，让官府发放给居民。民众吃了官府发放的药，果然很奏效。明世宗很得意，命礼部将药方刊行天下。

防疫最重要

《黄帝内经》中说："圣人不治已病，治未病；不治已乱，治未乱。"在古人看来，对于疾病要以"防"为主。清洁环境、搞好卫生、注意饮食、除虫杀菌都是古代防疫常用的手段。

《本草纲目》中说，将初染疾病之人的衣服，放在甑上蒸过，一家人就不会被传染上疫病。古代民俗中的很多内容，包括腊月祭灶时家家打扫除尘，端午节时饮雄黄酒，挂菖蒲、艾叶等，都有杀菌防疫的功效。

古代也有惠民医院吗

俗话说："人食五谷，孰能无疾。"人都会生病，生了病自然要去医治。在古代皇帝有御医服务，富人可以花钱请名医诊治，但穷人生了病怎么办呢？别担心，其实古代也是有惠民医院的。

养疾馆

春秋时，齐桓公任用管仲治国。管仲提出九条惠民的政策，其中之一为"养疾"。也就是在国都和大的都市中，都设立"养疾馆"，专门收容盲人、聋哑人、肢残人、半身不遂患者等，以及生活无法自理的孤寡老人。由官府提供食宿，并派人照顾他们，为其治疗疾病。

寺庙——高僧爱行医

两汉时期，随着佛教的传入，很多印度和西域的僧人来到中原。其中，有一些僧人精通医术，在传教的同时，为百姓诊治疾病。这种"以医传教"的方式，大受欢迎，所以一时间，很多寺庙承担起了医院的职责。

六疾馆

南北朝时,战乱频繁,流离失所的老百姓遍及天下。有些统治者能体恤民间疾苦,建立了很多慈善性质的医疗机构。

南朝齐文惠太子萧长懋,设立了"六疾馆",专门收治因为贫困而患病不能自救的人,由官府为其提供衣食和药品。他的弟弟,竟陵王萧子良也在自己府邸的旁边,设立处所,为穷困患病的民众提供衣食及医药等资助。

悲田养病坊

唐朝,在寺庙中设立医疗救助机构,得到了政府的大力支持。武则天当政时,出现了名为"悲田养病坊"的机构。"悲田",即为施舍救助穷人的意思。

唐玄宗时,宋璟等大臣奏请设置收容孤老贫病的安养设施,朝廷于是下令自僧侣中选任悲田养病使,由他们主持在长安等地建立的悲田养病坊。

福田院

到了宋代，由官府支持，寺庙承办的福利医院，改名为"福田院"。朝廷对福田院非常重视，皇帝也经常派人考察福田院的状况，并亲自下诏对其进行整改、扩建。

一次，宋仁宗听说京师只有东、西两座福田院，而且只能容纳二十多人，于是他立刻下诏拨款五千贯，兴建南、北两处福田院，每处要有五十间房屋，能够容纳三百多人。

安济坊和居养院

宋徽宗时，朝廷在京师兴建"安济坊"，来安顿无家可归的贫民，同时也下令全国州郡都进行效仿，收纳流离失所的百姓。《宋会要辑稿》中记载，安济坊有朝廷指

派的医生。每个医生都有一份手历，用来记录病人的诊疗情况，年终评比，以定赏罚。

此外，宋徽宗还设立了"居养院"。居养院由朝廷派人直接管理，配置比安济坊更加齐备，有些居养院甚至配有乳母和女使，她们的生活开支，全由官府供给。

广惠司

元朝时，很多阿拉伯人进入中原，带来了异域的医药文化。元世祖至元七年（公元1270年），朝廷建立广惠司，开始聘请阿拉伯医生。《元史志》中记载，广惠司的医生，善于利用"回回药物及和剂"治病，他们不仅为在京的士兵提供医疗服务，也救助普通老百姓。

养济院

"养济院"在宋朝时就已经出现了，最初主要由一些大臣、富人私下创办。《宋史》中记载，南宋宰相赵汝愚就曾捐钱百万，创立养济院，来救助缺衣少食，或是因生病而困顿于旅途中的人。

明太祖平定天下后，下令在全国各地设立"养济院"，以收养鳏寡孤独和不能自理的人。到了万历年间，仅京城所属的宛平县，养济院收容人数就多达两千多人。清朝也设置了这一机构，顺治皇帝曾多次下令，要求各地州府确保养济院的粮食和药品供应。

稀奇古怪的中药

明朝嘉靖年间，太医李时珍在阅读医书的过程中，发现古代草本书中存在很多错误。于是，他毅然辞职还乡，一边行医，一边钻研药学，前后用了四十余年时间，完成了鸿篇巨制《本草纲目》的编纂。书中共收录草药1800多种，还涉及动物学、矿物学、物理、化学、农学等方面的知识。

中药不仅仅是草

人们习惯于将中医用药称为"中草药"，这是因为在中药里，提取于根、茎、叶、果的植物药占绝大多数。但除了植物药，中药里还包括来自动物身上的动物药和来自石头、泥土中的矿物药。

《本草纲目》中，以"部"为纲，将药物分为十六部，分别为水、火、土、金石、草、谷、菜、果、木、服器、虫、鳞、介、禽、兽、人。可以说，中药包罗万象，我们生活中触目所及，皆可为药。

能治病的"水"

水有各种各样的形态,可以凝为霜雪,可以化为雨露,可以流动于江河,可以深藏于井中。《本草纲目》中就记载了不同形态的水作为中药的神奇作用。

秋露重的时候,在花草之间收集的露水,称为"百花露"。百花露饮用或外敷,有润滑皮肤的功效。寒冬腊月,将雪收集起来,即为"腊雪",密封存储,融化之后,可以杀虫。还可以凿取坚冰,放入地窖中,留至夏日,即为"夏冰"。夏冰能用来熨抹身上的疤痕。此外,取自竹篱笆头和树洞里的水,也是一味中药,称为"半天河"。半天河有杀菌的特效。温泉水,含有众多天然矿物,能够用来治疗肌肉麻痹。

既是石头，也是药

《本草纲目》中的金石部，包括金属和非金属等。它们有的很常见，有的则需要到深山、溶洞里去寻求。古人对它们药理作用的认识，经历了漫长的时间。

譬如，古人认为，铅能够明目、固牙；水银可以消毒、利尿。很多追求长生不老的皇帝，用它们来炼制仙丹服用，以期强身健体，延年益寿。殊不知，服用过量的重金属，会导致人精神错乱，甚至中毒死亡。

魏晋时期，被士人所推崇的五石散，就是以各种矿物药石调配而成。相传，服用之后能让人神明开朗。但是五石散有毒，著名玄学家何晏就是服食五石散的先驱。不过，服药让他幻想频发的同时，也导致其性情偏执、脾气促狭，最终死于非命。

草药，不简单

草部，在《本草纲目》中所占比例最高。中医不是将植物采集起来，煎服后就能治病。同一株植物，不同的部分，有不同的药用价值。有些植物甚至其根和茎、叶和花，具有截然相反的药性。

譬如，睡莲的胚芽"莲子心"是一味中药，服用有清心除烦，治疗神志不清的功效；而睡莲的雄蕊"莲须"也是一味中药，不过主要作用却是治尿频。

同一种草，同一部位，采集的时间、炮制的方法不同，药性也会发生改变。一次，清代名医叶天士治疗妇人难产，以梧桐叶作为药引子，婴儿立刻就产了下来。后来，有人效法他的方子，却不奏效。事后请教叶天士，叶天士笑着说："我用梧桐叶奏效，是因为刚好碰到立秋时节，现在不是秋天，用了有什么用处呢？"

让人"摸不着头脑"的中药名

中药中,有很多让现代人看名字"摸不着头脑",知真相后出乎意料,甚至大呼"不可想象"的种类。

"名不副实"的中药:龙须,听起来威风凛凛,似乎非常珍贵,其实就是玉米上的须子;夜明砂,乍一听闪闪发光,似乎属于珍珠一类,其实是黑乎乎的蝙蝠粪便;白丁香,不知真相的人常误以为是鲜花或香草,实际上是麻雀的粪便。

人体"自产自销"的中药:血余炭,人的头发经过煅烧后,残余的灰烬;人退,健康人身上剪下来的指甲;秋白霜,并非秋天结的霜,而是尿液沉淀物,即尿壶垢。

"脏兮兮"的中药:百草霜,又名"灶突墨",即积于锅底、烟囱中的灰烬;鼠妇,即潮虫,熬熟研成粉末服用,可以治牙痛。

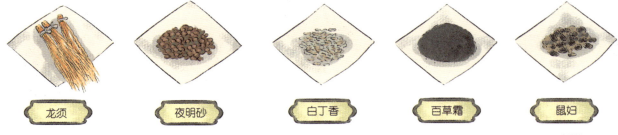

中国法律的历史源远流长,从夏朝到清朝,与时俱进,有沿有革。一部部律法,一道道状纸,一通通登闻鼓……古人在维护权益的道路上,一路跌跌撞撞,摸索前行。

古代也有律师吗

清代末年，我国才开始从西方引进律师制度。在这之前，以替打官司的人出主意、写状纸为职业的人，被称为"讼师"。

讼师的祖师爷：邓析

春秋时期，郑国大夫子产重视礼制，以周朝的礼法为司法标准，编写了一套法律。这遭到了一位叫邓析的官员的强烈反对，他认为，朝廷应该以"法"来判断是非，而非以"礼"。他还编写了一套法律，刻在竹简上，称"竹刑"。

邓析不仅乐于为百姓们讲解竹刑，还会耐心地解答法律问题，甚至帮他们写诉状。不仅如此，邓析还开了"法律研习班"，教百姓如何打官司。据《吕氏春秋》记载，"与民之有讼者约，大狱一衣，小狱襦裤。民之献衣而学讼者不可胜数"。可以说，邓析是历史上第一位有名的讼师。邓析最终被朝廷所杀，不过他的竹刑得到了郑王的采用。

讼师的业务繁忙

唐朝时，法律制度得到了进一步的完善，诉讼程序都有严格的章程。若在某一步做错了，则诉讼无效。普通百姓不熟悉法律条文，就委托专业人士——讼师来帮忙书写书契、诉状和辞牒等。不过，朝廷也对讼师的行为有所约束，如《唐律·斗讼》中规定："诸为人作辞牒，加增其状，不如所告者，答五十。"大意是，如果讼师在书写辞牒的过程中添油加醋，就会被责打五十下。

宋朝时，遇到资产纠纷、邻里矛盾，很多百姓会选择打官司。讼师越来越多，但其中也有害群之马。如宋朝法学书籍《名公书判清明集》中,将部分讼师称为"讼师官鬼""把持人",前者指向官员行贿,左右案件结果的讼师;后者指抓住当事人把柄,从而勒索更多诉讼费的讼师。

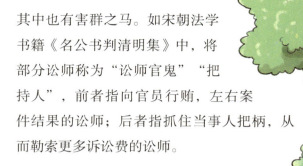

激烈的竞争

明清时期,民间诉讼成风。据记载,清嘉庆年间,安徽省六安州的知州在十个月内,就受理了一千多件案件!与此同时,"词讼必由讼师"。讼师的生意越来越好,也引发了激烈的竞争。有些讼师为了招徕生意,会到衙门口寻找诉讼者,有的甚至还直接住在衙门附近呢!

古人如何打官司

古代官府有专门负责案件审理等司法事务的机构，人们遇到调解不了的纠纷，必须去找官府解决。那么，古人如何打官司呢？

公诉和自诉

在古代，打官司大致可分成两种——公诉和自诉。公诉就是官府起诉罪犯，比如，在《水浒传》中，宋江在江州浔阳楼墙上写上了一首反诗，被官府抓进大牢，最后被判死刑。后来宋江被人救走，上了梁山，官府贴通缉令悬赏一万贯抓捕他。自诉就是以个人名义把别人告到官府去，一般都是源于个人纠纷。

打官司要花多少钱

打官司也要花钱，每个朝代的花销各有不同。比如，在周朝，若是民事案件，原告和被告都要到场，还要缴纳"束矢"（一百支箭）作为保证金，若是官司输了，保证金就要被没收。若是刑事案件，双方需要把证件和"钧金"（三十斤铜）交给官方。如果不到场或不交保证金，就算自愿放弃诉讼。

缴纳一百支箭！

打官司还得看时间

在古代，打官司也要挑时间。比如，唐朝法律规定，阴历十月一日到次年三月三日为农闲时节，可以受理诉讼；清政府规定，阴历四月一日到七月三十日是农忙时节，不受理民事诉讼。在此期间，衙门前面会挂上"农忙止讼"的公告。不过，像杀人案这样的恶性案件，不受时间限制，官府要及时处理。

官司太多怎么办？

有时，诉讼太多，官府是忙不过来的。比如，乾隆年间，汪辉祖在偏僻的湖南宁远县担任知县，每年能收到一万多张状纸，更别说经济发达地区了。因此，对于财产纠纷、分割遗产等案件，官府鼓励当事人找族长和乡绅私下调解。必须由官府出面方能解决的案件，知县、知州等才收下状纸。

案件办理流程

接到诉讼后，官府会传唤原告、被告、相关证人等，并在规定时间内搜集好证据，再将相关材料交给审问的人员。在这一过程中，衙门有时候会通过用刑来获得口供，但也可能因此产生冤案。官府取得口供后，将犯人提出来，进行复审，随后由官员判决。

如果是民事案件，州县官员可以办结；如果是刑事案件，尤其是量刑涉及流刑、死刑的，州县官府要上报到更高层的衙门，甚至报给朝廷，等待最终的判决结果。

古代的上访和举报

相传,西周时期,王宫宫门外有一块形如肺的红色石头,名为"肺石"。百姓如果遇到不公平的事情,在肺石上站三天,司法官即受理此案。那么,古人还可以用哪些方式让统治者听到自己的声音呢?

拦舆

拦舆又称"遮道",就是拦住皇帝的车驾,告御状。汉朝初年,汉高祖刘邦在回京的路上,被百姓拦下,百姓流着泪控诉,说大臣萧何用极低的价格强行买下他们的房屋,受害百姓足有上千人。刘邦回到宫中,立刻召见萧何,让萧何亲自向百姓谢罪。

古代的举报信箱

西汉时,赵广汉在颍川担任太守时,发现当地有土豪欺压百姓,而百姓却不敢告发。赵广汉就让窑工烧制出一些小口瓶,称为"缿筒",将其挂在官衙门旁边。百姓们可以将自己的不满写在简牍上,投入缿筒中。一时间,大家纷纷写"匿名信"举报。最终,豪强得到了应有的惩罚。

唐朝时,有个叫鱼保家的官员在缿筒的基础上,发明了铜匦。铜匦有四个口,人们可以根据举报内容,选择对应的口投放。为了让铜匦充分发挥作用,武则天还允许举报者住进驿站,享受五品官员的膳食待遇。戏剧化的是,设计铜匦的鱼保家,最终因被人举报而丢掉了性命。

击鼓告状

西周时，君王在处理政事的宫殿前放置了一面大鼓，名为路鼓。一旦有民众击鼓，负责刑狱的官员就将其诉求记录在册，统一汇报给周王。西晋时，天子在朝堂门外设置了供百姓申冤击打的鼓：登闻鼓。但据记载，当时敲击登闻鼓的人，有一部分是为了诬告他人。此后历朝都有登闻鼓制度，并将其进一步完善。比如，唐律规定，敲击登闻鼓的人，如果说的不是实话，就要被棍子打八十下。

到了宋朝，平民和官员都可以去登闻鼓院诉说冤情，如果被拒绝，还可以将诉状投进登闻检院。登闻检院每隔五日将诉状呈给皇帝，如果事情相当紧急，则当天就要向皇帝报告。

古人原来这样传信息

在没有网络和电话的古代,为了迅捷而准确地传递信息,人们想出了很多办法,用烽火示警,用鼓声传令,用快马送信,甚至利用流水和飞鸽传递消息。

有了这些巧妙的方法,古人能不出门而知天下事,能端坐于帷幄之中,指点江山,指挥千军万马。

古代战争中如何传信息

《孙子兵法》中说:"知己知彼,百战不殆。"两军作战,若想取胜,一定要对敌我双方的军情、动向了如指掌,这时消息传递就显得至关重要了。可古代既没有电话,又没有无线通信设备,人们在战争中是如何相互传递信息的呢?

驿站传书

古代战争时,要将命令下达给部下,或向敌方发出交战、求和的消息,最直接的方式,就是派遣使者。而使者传递消息时,自然不能靠两条腿跑路,所以提供快马和供使者休息的驿站,就必不可少了。

早在春秋战国时期,我国就出现了完整的邮驿系统。孟子曾引用孔子的话说:"德之流行,速于置邮而传命。"德行的流行,比设置驿站传递命令还要快。虽然在称赞德行,但也从侧面体现出那时邮驿传信是十分迅捷的。

唐朝时,驿站遍设全国,边境一旦有事,消息很快就会传到朝廷。譬如,安史之乱时,天宝十四载(755年)十一月九日,安禄山在范阳起兵,消息在六天之后便传到了京城。

烽火传信

烽火台,又称"烽燧""烟墩",是古代重要的战争设施,以燃烟的方式传递信息。《周礼》中记载,各国从边疆到腹地的通道上,每隔一段距离,就会设置一座烽火台。台上储备易燃的稻草等物,一旦发生敌情,白天则燃烟,夜里则点火。相邻的烽火台看到烟火后,也会依样跟随,这样消息就会迅速传递。

据《史记》记载,周幽王时曾发生过著名的"烽火戏诸侯"的故事。周幽王宠妃褒姒不爱笑,周幽王为了讨美人欢心,下令点燃烽火台。诸侯看到烽火,连忙领兵来救,结果却发现君王正在饮酒作乐。几次三番后,再燃烽火,就没人相信了。结果敌人真的到来了,周幽王等不到救兵,落得个国破身死的下场。

汉代以后，各个朝代都制定了严格的烽火制度。如汉代的守边士兵会用蓬草、树枝等不同燃烧物的焰火，表示不同信息。用点火的大小和火堆数，传递匈奴攻城的人数。

飞鸽为信

很早以前，人们就以鸽子作为信号来传递消息。《齐东野语》中说，南宋将军张浚巡查营地时，发现部将曲端的营中没有设立岗哨，十分不满，刚要发火，曲端放出一只鸽子，立刻就有一队人马赶来。张浚很好奇，曲端又放出剩下的几只信鸽，一会儿部队就集结完毕了。

北宋时，西夏在好水川之战中，也巧妙地利用鸽子传递了信息。西夏人设好埋伏，隐蔽起来，同时在好水川放置了很多鸽子笼。宋军到了之后，感觉很奇怪，将鸽子笼打开检查。结果，笼子一开，鸽子立刻腾空而起，埋伏着的西夏人见到鸽子便同时冲出，杀得宋军措手不及，几乎全军覆没。

金鼓和鸣镝

在混乱的战场中，古人通过声音来传递命令，譬如"金鼓"。金，是指"鸣金"，即击打一种像钟的乐器——钲，一般鸣金代表下令收兵、撤退。鼓，即"击鼓"，在战场上击鼓是进攻的信号。古人可以通过击鼓的次数、频率，以及间隔，传递不同的命令。出自《左传》的"曹刿论战"一文中记载，齐人三次击鼓催促军队发起进攻，鲁人则以逸待劳，等齐人三鼓之后才进行反击。

除了金鼓，北方的少数民族还用会发声的箭——"鸣镝"来下达命令。相传，鸣镝为汉朝时匈奴单于冒顿所制。冒顿为了让卫队唯命是从，先以鸣镝射野猪，有不跟从的就处死；又以鸣镝射自己的宝马，有不跟从的就处死；又以鸣镝箭射自己的宠妃，没有人敢不跟着射；再以鸣镝射自己父亲头曼单于的坐骑，有不跟从的就处死。于是，时机成熟，在一次狩猎中，他将鸣镝射向自己的父亲，从而弑父自立。

号角和号炮

号角也是军中常备之物,最早的号角由兽角制成,在秦汉时,由少数民族地区传入中原。战场上既可用其发号施令,也能振气壮威。后来,号角逐渐演变成了铜制的喇叭、唢呐等。

火药发明以后,"号炮"也应用到了战争中。号炮类似于现代的信号枪,在明代任何军事行动之前,都要点号炮来传达命令。戚继光《练兵实纪》中规定:"每要新起一号令,必放炮一个,使人有耳者先共闻之。"所以,升帐前有"升帐炮",升旗前有"升旗炮",拔营前有"开营炮",夜里还有"定更炮"。

旗语

旗语,即摇摆旗帜来传递消息,至今还在航海等领域广泛使用。我国早在商周时期,就已经开始利用旗语来传递消息了。《孟子》中就记载了一次齐景公外出狩猎,用"旌"来召唤管理山泽的虞人,但虞人认为这不是该用来召唤自己的标志,所以没有上前。

古人在战场上,用旗子的颜色和摆放方式来区分不同信息。如《李靖兵法》中就规定,在中军大旗周围设有五色旗,与各部相对应。黄色为中,红色为南,黑色为北,绿色为东,白色为西。旗官竖起哪面旗,对应的部队就要将本部旗帜竖起"应旗",然后随中军指挥而动。

古人如何传递秘密情报

《三国演义》中，汉献帝将讨伐曹操的血书缝在衣带当中托国舅董承带出皇宫，作为信物联络马腾、刘备等，这就是著名的衣带诏。可惜因为谋事不严，衣带诏还是泄露了，董承等人被曹操所杀。那么，除了秘密书信，古人还有哪些传递情报的方式呢？

阴符和阴书

我国古代，最早传递秘密信息的方式，当属"阴符"和"阴书"，相传都是姜子牙所创造的。《六韬》中记载了周武王和姜太公的相关对话。周武王问道："率领大军深入敌国境内，遇到紧急情况，该怎么通知部队呢？"姜太公回答："要先约定好秘密的通信方式，也就是'阴符'。譬如一根木条，可以由八种长度，长一尺代表我军已经取胜；长九寸代表我军击破敌人，斩杀敌将……长三寸，表示战斗不利，我军损伤重大。"

武王听了恍然大悟，接着他又问："如果需要传递更多的消息，该怎么办呢？"姜太公说："那可就得用上'阴书'了。就是将消息写在竹简上，然后将竹简拆散，分为三份。让三个不同的士兵，将信息送到我方将领手中。得到所有竹简，恢复原来的顺序，就能传达消息了。就算敌人获得了一份阴书，他们也看不懂。"

阴符　　阴书

兵符和金牌

古代交通不方便,如何判断使者的真假呢?古人通常使用"符印"。看到了事先约好的符节和印信,说明使者是真的,消息才可以听从。通常将兵符分为两半,一半交给领兵大将,一半由君主保存,两面兵符合在一起,将领才知道这使者是君主派来的。

各朝兵符没有固定的样式,唐代以前,常用虎形。到了唐代,因为讳虎,所以改为兔符、鱼符,或龟符。南宋时,则多用金牌,如宋高宗为了制止岳飞北伐,就一连遣出了十二道金牌。

蜡书

蜡书也叫"蜡丸",是将秘密信息写在纸条或布条上,然后团成小团,裹在蜡中,进行传递,因为蜡丸体积很小,信使可以将其缝在衣服的夹层里,使他人很难发现。古人为了更隐秘地传送蜡丸,有时甚至将其藏在体内,甚至埋在皮下。

《宋史·岳飞传》中就记载了岳飞捕获敌方间谍,使用反间计,让其传递假消息。而传递的方式就是令其"刲股纳书",即割开大腿皮肉,将蜡书藏在其中。此种传信方法,可谓隐秘至极,若非事先得到消息,绝对很难想到。

密封技术

古人为了使公文等重要信息保密,还发明了一系列密封技术,包括泥封、绵纸封、火漆封等。

泥封出现得最早,是将写有文字的木板、竹简等捆好或放在盒子里,然后用特定的胶泥封闭接口,或糊裹简牍。信息送到后,收信人检查泥封是否完好,来判定这些简牍有没有被事先私拆偷阅。等到纸张取代简牍作为主要的书写材料后,人们又采用更简便的绵纸封来密封信函,即将纸质信封的上下封舌处,加贴绵纸钤印封口。

对于相对更重要的信件,古人多采用火漆来密封。火漆又称"封蜡",由松脂、石蜡、焦油等混合调成。将熔化的火漆滴在信件封口,干燥之前加盖印章,冷却后火漆变硬,而印章清晰美观。有时,写信人还会在封口火漆上,粘上几根鸡毛,做成"鸡毛信",以表示信息重要、紧急。

古代的密码

在阴符的基础上，古人还发明了军事密码，称为"字验"。如宋代的《武经总要》中就有一套详细的密码本。使用方法也很科学，与现代的摩斯密码异曲同工。在交战前，将常用命令，如请求援军、遭到包围、缺少粮食等，各赋予一个数字代号。然后，约定一段没有重复字的诗，作为"密码本"。等到传递消息的时候，就在密码本中找到对应的文字，传递出去。收到信息一方，根据文字在诗中的位置，得到相应数字代号，并翻译成具体命令。

明朝时，戚继光在吸收古人经验的基础上，创造出了一种"反切码"。他将汉语中声母、韵母的代表字编成两首歌，按顺序为字编号。破译时需根据声母、韵母，找到对应的字。要想译得准确，不仅要知道密码歌，还必须对所用方言十分熟悉，因此这种"反切码"成了当时最难破译的密码。为了确保军中情报人员不出错，戚继光又专门编了一本《八音字义便览》来作为培训教材。

古代的"邮政"什么样

如今,我们在网上买的东西,几天就能送达。这都得益于科技的发展,尤其是现代交通工具的出现。可在古代既没有飞机,也没有火车、汽车,那时的"邮政"又是什么样的呢?

驿传制度

早在商周时期,我国就形成了完整的邮政体系,即驿传制度。那时,各个诸侯国都会在重要的道路上设立驿站,配有车马和粮食,并有专门的官吏来管辖,有公干人员路过,或其他诸侯派遣的使节到来,就可以在驿站休息、更换马匹。

春秋时期,秦穆公派遣大军偷袭郑国,路过周地时被郑国商人弦高碰到。弦高一面派人假托郑君的命令,用牛来犒赏秦军,一面派人赶紧将消息传回郑国。书中记载"使遽告于郑",杜预注解说,"遽,就是传车"。

秦始皇统一全国以后,下令"车同轨、书同文",传驿制度也更加完备。不仅建立了以咸阳为中心的驿站网络,还制定相关律法,如竹简怎么捆扎、封泥如何使用,以及邮驿人员的住宿、待遇等都有专门规定。

送信有缓急

在汉代,传驿制度已相当成熟,驿站遍及全国,《汉旧仪》记载,"十里一亭,五里一邮,邮人居间,相去二里半"。邮,通常指以步行方式传递信件。也就是说,当时每五里的距离,就会有一位邮差,他们通过步行不断接力的办法,将信件送到全国各地。

当然,步行送信,效率肯定很低,那么有时效要求的信件,就必须采用车马递送的方式。在居延出土的汉简当中,就发现了"以邮行""马行""驰行"等不同投递方式的信息。说明那时已经有了平件、急件、特急件的区别。

而且,汉代时公文信件的收发非常严格,每一步操作都会被记录下来,投递过程中发生错误,或信件未能及时到达,相关人员都要承担法律责任。为了防止投递出错,人们会在信件上标明收发人的信息,以及运送方向的信息,如向西投递的信件,会写上"入西书",向东投送的信件,会写上"出东书"等。

除了送信，还送什么

古代的驿站，除了送信，还负责送人、送物。朝廷派出的使者、征召的人才，以及重要人物，都可以乘坐驿车，往来于京城与地方之间。此外，宫中每年需要各地进贡大量特产，也是车马经驿道速递到京城的。谢承的《后汉书》中就记载着，海南等地每年向朝廷进献龙眼、荔枝和其他生鲜，都需要驿马昼夜不停传送，一路上山高路险，非常艰辛。也就是说，"一骑红尘妃子笑，无人知是荔枝来"的现象，早在汉朝就已经存在了。

官方驿站，也有绩效考核

宋代时，将所有传送公文和书信的机构称为"递"，递分步递、马递、急脚递三级，其中急脚递又设金牌、银牌、铜牌三种，金牌要求一昼夜行五百里，银牌要求一昼夜行四百里，铜牌要求一昼夜行三百里。急脚递投送公文时，马上挂铃，行人听到紧促的铃声，就得赶紧避让。前方的递铺听到铃声，接替人员就得到外面准备，就道交接信件，立刻继续传送。

当时，文件在递送前，会进行封装，将其中一个角折起来，在折角处加盖封印，然后整体卷起来放入皮筒或木盒中，称为"递角"。每位信使送五角以上信件，就能得到五百文的"特支钱"作为奖赏；送十角以上信件，能得到一贯；二十角以上得到一贯五百文。同时，如无故延误期限，则会受到惩罚。

民营邮政的出现

从汉代到明代,所有的驿站机构都是由国家直接设立,以投递政府公文为主,所以朝廷对其管理也相当严格。如明朝法律规定"非军国重事不许给驿"。明初,驸马郭镇曾私自用驿道运送几缸榛子,皇帝朱元璋知道后,大为恼火,将其狠狠批评一顿,并处以罚款。连皇亲国戚都如此,普通百姓更没法利用驿站寄送书信了。所以,在永乐年间,一些商人创立了民营的邮寄机构——民信局。

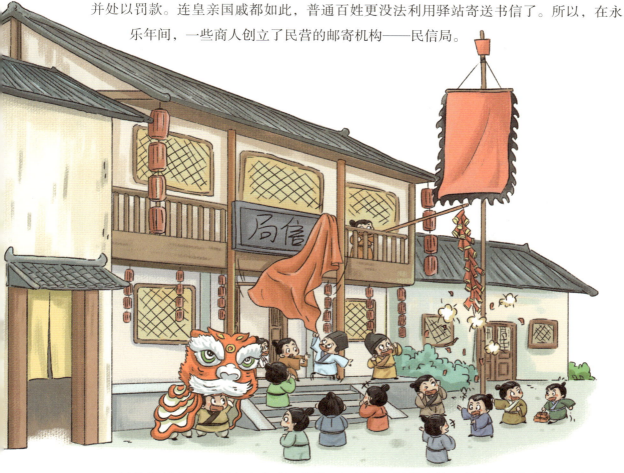

民信局的业务包括邮寄家书、物品、汇兑等。规模小的民信局,服务主顾数量有限,送信路线和时间都比较灵活,邮资也由双方商定;规模大的民信局,则有固定的邮路、寄递时间,以及收费标准——老客甚至可以寄付月结。明清两代,民信局不仅遍及国内各大商埠,在华侨聚集的东南亚、檀香山等地也有分布。直到1896年,清政府开始办新式邮政,这种早期的民间邮政机构才逐渐走向没落。

古人送信有妙招

《艺文类聚》记载，一天汉武帝正在殿前休憩，忽然一只青色的小鸟落在面前，他感到好奇，询问东方朔这预示着什么。东方朔回答："青鸟是西王母的信使，这是告诉您西王母要来了。"果然，过了不一会儿，就有仙人现身云端，身旁还跟着另外两只青鸟。"青鸟传信"寄托了古人在互通消息上的美好期待，可现实中并无青鸟，那么他们又是怎么送信的呢？

驿使传信

虽然历朝一般禁止私人通过驿道传递信件，但很多时候驿使们并非那么"不通人情"，偶尔帮人带个口信，或是捎些东西还是可以的。譬如，南北朝时的诗人陆凯，在江南偶遇前往关中的驿使，就请他为好友范晔送去了一封信，顺带梅花一枝。

唐代的诗人岑参遇到了赶往京城的使者，匆匆之间无法提笔写家书，只能感慨"马上相逢无纸笔，凭君传语报平安"，毕竟能带个口信已经很难得。

托人送信

古代商人经商，或是官员上任，经常走南闯北，所以找他们捎带信件，是个很不错的选择。汉代的乐府诗中，就有很多托人送信、送物的诗句，如"客从远方来，遗我双鲤鱼"等。那时，人们为了保护写在丝绢上的书信，经常将其放置在鲤鱼形的木匣里面。所以，"双鲤"也成了书信的代称。

不过，也有些不靠谱的带信人。比如，晋代有个叫殷洪乔的人，出任豫章太守时，京城人听说他要上任，便纷纷委托他捎带书信，一下有上百封之多。哪知殷洪乔刚到江边，就将书信全都扔在江里，说："有本事自己漂到豫章去，我殷洪乔可不做便宜信使！"后来，人们便用"误付洪乔"来比喻信件不能送到。

鸿雁传书

汉武帝时，苏武出使匈奴被扣押，流放到北海牧羊。到了汉昭帝时，匈奴与汉朝讲和，双方互换使者，匈奴却谎称苏武已经去世。过了些日子，汉朝使者得知苏武还活着，便想了一个计策。

不久，汉朝责问匈奴，说皇帝在上林苑射猎，射中一只大雁，大雁的腿上还绑着一封苏武给朝廷写来的信。匈奴人大惊，以为鸿雁都被苏武的爱国之情感动，帮他将书信送回了汉朝，于是不得不承认苏武还活着，便将其释放回国。自此以后，人们便用"鸿雁传书"来指代通信。

流水送信

隋朝时，史万岁随元帅杨素前往江南平定叛乱，孤军深入到敌后，想汇报敌情却找不到出路。看着崇山峻岭，处处深林险阻，将士们束手无策。这时，史万岁看到一条大河在随风起伏的竹林旁流过，于是心生一计。他让人砍伐竹子，将写好的书信藏在竹节里面，然后封装好，丢到河中。

竹节顺流而下，不久被下游的农夫捡到。农夫打开竹节，发现里面的书信和隋军的联系方式及奖赏，便立刻带着信求见杨素。杨素厚赏了农夫，按信中所写调整军队部属，很快与史万岁的军队前后夹击，击溃了叛军。

飞鸽送信

《酉阳杂俎》记载,唐代时很多波斯商人乘船从海上到达中国,波斯船上多养信鸽。那些鸽子能飞数千里,每隔一段时间,他们就放飞一只,来报平安。

而中土最善于驯鸽的人,当属唐代宰相张九龄。据说,张九龄从小就养了很多鸽子,还和鸽子之间建立了良好的感情。他去亲戚家做客时,经常携带鸽子,来训练它们往返的能力。后来,张九龄外出做官,便用鸽子给家里带信。他将写着消息的纸,卷成卷,缚在鸽子腿上,无论离乡多远,那些鸽子都能飞回老家。张九龄以此为傲,还为鸽子们取名为"飞奴"。

黄耳传书

祖冲之的《述异记》记载,西晋名士陆机,年少时喜欢打猎,有人送给了他一条猎犬,名为"黄耳"。陆机非常喜欢它,无论到哪都将其带在身边。后来,他游历关中,很久都无法跟家里通信,于是打趣着对黄耳说:"你能为我给家里传递消息吗?"黄耳听罢,摇头摆尾,作为回应。

陆机于是写了一封信,装在竹筒里,绑在黄耳的身上。黄耳随即跑向大路,飞奔向江东的方向。半个月之后,黄耳从江东返回关中,竹筒里的信果然变成了家人的回书。自此以后,人们便用"黄耳传书"表示送信。

古代也有"报纸"吗

身处信息时代，我们可以从各种各样的新闻媒体中了解国家大事、社会动态以及逸闻趣事。但在古代，信息是稀缺资源，并不易得，人们是如何获得它的呢？

木铎——最早的新闻采集与发布

孔子周游列国，到卫国时，仪地的守吏请求拜见，说："凡是来到我这个地方的君子，我没有不求见的。"弟子们带他去见孔子，出来以后，他大为感慨，对孔子的弟子们说："诸位何必要郁郁不得志呢？孔子就是上天用来教化世人的木铎呀！"

木铎，就是木舌铜铃。早在商周时期，就有被称作"遒人"的天子使臣，摇动木铎，巡行于各地，一面宣传朝廷的政令，一面进行采风。有人认为，这就是中国新闻事业的开端。

"报纸"的诞生

我国古代最早的报纸，可以追溯到西汉时产生的"邸报"。邸，有点儿类似于今日的"驻京办"，是每个州郡在京城长安设立的办事处。它的职责之一，就是将朝廷的重大消息抄录下来，不定期寄回本郡。这样，当地的官吏就能更多、更快地了解京城情况了。

但这些邸报一般只在州郡长官和高级官吏中流通，并不会大范围传播，普通百姓更是连看一眼的机会都没有。所以，最初的邸报可以视为各地方官府主办的内部报纸。

唐代的邸报

唐代时，各地驻京的联络机构，称为"进奏院"，所以邸报也被称为"进奏院状"。现存世最早的邸报，就是在敦煌石窟中发现的一份唐僖宗光启三年（887年）的进奏院状。它是由敦煌地区的归义军节度使派驻朝廷的进奏官，由长安发回敦煌的。可惜这份珍贵的文物，目前流失海外，被收藏于英国不列颠博物馆中。

唐代的邸报，整体来说，较汉代时相对开放。唐玄宗时，朝廷还公开发行一种名叫"开元杂报"的邸报，上面记录着一些皇帝和朝中重臣的日常动态。有时，这些邸报还被人们手抄下来，流传到民间。有个叫孙樵的读书人，就看到过民间流传的手抄版本，还专门写了篇文章《读开元杂报》来介绍邸报上面的内容，大多是"某日皇帝亲耕籍田""某日百官举行大射礼于安福楼南""某日宰相和大臣们在宣政门前争吵"等等。

宋代的邸报和小报

宋代时，朝廷加强了对邸报的管理。据《宋史·刘奉世传》记载，当时邸报每五天出一期，而且必须先由门下省或枢密院审核，才能送往各个州郡。邸报的内容主要包括皇帝诏书、起居言行，以及朝中大臣的奏章疏表、边防战报等。由于宋代经济发达，娱乐业昌盛，朝廷邸报带来的信息，显然不能满足民众的好奇心，所以"小报"应运而生。

小报是一种非官方的报纸，主要刊登一些朝廷"秘闻"、民间轶事，以及一些虚实相间、未被确定的消息。如"某某官员可能要被罢职了""宰相大人最近有了新的爱好"等等。南宋时，都城临安的集市上，还有专门卖这种小报的店铺，《武林旧事》中称其为"供朝报"。

不过，小报虽然在民间走红，却遭到了很多朝中士大夫的批评，当时有很多"禁小报"的论调。官吏们往往指责小报捕风捉影，报道不实信息，或是言语刁钻，有损当权人物的形象。

邸报也能作假

明清时期的邸报制度，与宋代没有太大区别，不过发行的范围更广，刊登的事情更杂。当时还有邸报造假事件。《近事丛》记载，胡宗宪在江南做官，有个叫苏麻子的人来到嘉兴游玩,住在朋友项公子家。项公子向胡宗宪推荐苏麻子,称此人可以重用,不过向来没啥名声。胡宗宪听后说:"我可以让他得到重视。"于是,他在邸报上刊登了一则假消息,称朝廷派"锦衣卫百户苏某到浙江巡察军情"。

然后,胡宗宪又将苏麻子接到自己的衙邸,并安排仪仗。当地官员看到这声势,都以为这就是邸报上所说的钦差大臣,纷纷前往拜访。一时间,苏麻子就从默默无闻,变得声势显赫。

近代报纸的诞生

清朝时,邸报还很流行,北京城的东华门附近曾设有专门抄写邸报的"抄写房"。这里既发布消息,也收集信息——每天有人专门将从各地收集来的消息送到抄写房,抄写员们则将各种消息汇集起来,连同皇帝诏书、朝廷大事抄为邸报,刊登出来。

19世纪晚期,西方人涌入中国,开始在中国境内开设报馆,发行报纸,传统的邸报开始没落。1858年,香港诞生了国人创办的近代第一家中文日报——《中外新报》。1872年,《申报》在上海创刊,标志着中国的报纸事业,进入了新纪元。

版权专有　侵权必究

图书在版编目（CIP）数据

中国古代日常生活生动百科 / 阿瞳木，赵长青编著；张佳茹，野作插画工作室绘 . -- 北京：北京理工大学出版社，2024.3

ISBN 978-7-5763-3099-1

Ⅰ.①中… Ⅱ.①阿… ②赵… ③张… ④野… Ⅲ.①社会生活—历史—中国—古代—儿童读物 Ⅳ.① D691.9-49

中国国家版本馆 CIP 数据核字 (2023) 第 220370 号

责任编辑：李慧智	文案编辑：李慧智
责任校对：王雅静	责任印制：施胜娟

出版发行 / 北京理工大学出版社有限责任公司
社　　址 / 北京市丰台区四合庄路 6 号
邮　　编 / 100070
电　　话 /（010）68944451（大众售后服务热线）
　　　　　（010）68912824（大众售后服务热线）
网　　址 / http://www.bitpress.com.cn

版 印 次 / 2024 年 3 月第 1 版第 1 次印刷
印　　刷 / 三河市九洲财鑫印刷有限公司
开　　本 / 787 mm × 1092 mm　1/16
印　　张 / 19.5
字　　数 / 289 千字
定　　价 / 119.00 元

图书出现印装质量问题，请拨打售后服务热线，负责调换